Découvrez l'histoire par les archives de presse

RETRONEWS

Le site de presse de la BnF

www.retronews.fr

ANNALES

DE LA

SOCIÉTÉ D'AGRICULTURE

SCIENCES, ARTS ET COMMERCE

DU DÉPARTEMENT DE LA CHARENTE

TOME LIII

54ᵉ ANNÉE. — 1872

ANGOULÊME

IMPRIMERIE CHARENTAISE DE A. NADAUD & Cⁱ

REMPART DESAIX, N° 26

—

1872

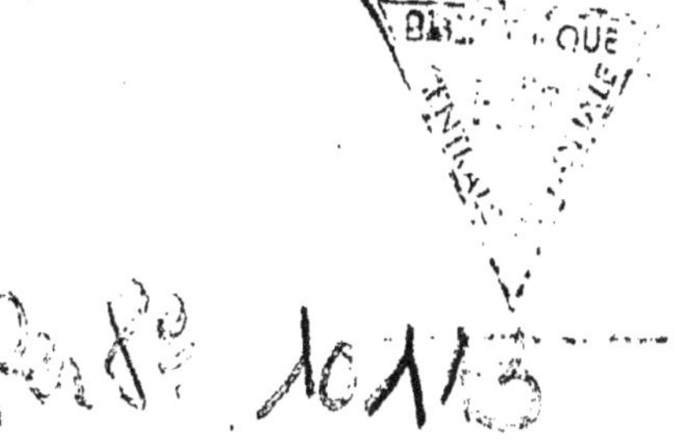

COMPOSITION DU BUREAU

POUR L'ANNÉE 1872

Président honoraire, M. le PRÉFET de la Charente.

Président, M. E. DE THIAC, ✳✳✳, membre du conseil général, lauréat de la prime d'honneur au concours régional de 1861, maire à Puyréaux.

Vice-Présidents, MM. Adhémar SAZERAC DE FORGE, membre du conseil général, négociant à Angoulême.

Auguste HENNESSY, négociant, président de la Société des courses de la Charente, à Cognac.

Secrétaire général, M. Clément PRIEUR, propriétaire et maire à Anais.

Secrétaire - Archiviste, M. BAILLARGER, propriétaire, conseiller municipal, à Angoulême.

Secrétaire adjoint, M. L. VERLIAC, chef de division à la préfecture.

Trésorier, M. DETOC, propriétaire à Angoulême.

LISTE GÉNÉRALE

MEMBRES TITULAIRES OU RÉSIDANTS

DATE DE LA NOMINATION.	NOMS ET QUALITÉS DES MEMBRES.
	MM.
22 janvier 1831.	Rivaud (Gustave), avocat à Angoulême.
2 janvier 1836.	Argoullon, vice-président honoraire du tribunal à Angoulême.
15 janvier 1841.	Dufresse de Chassaigne, docteur en médecine à Fouquebrune.
30 novembre 1842.	Mathieu-Bodet, propriétaire, maire à Saint-Saturnin.
15 janvier 1843.	Prémont, ✳, conseiller d'arrondissement, docteur en médecine à Saint-Amant-de-Boixe.
—	Hennessy (Auguste), *vice-président de la Société*, à Cognac.
—	Du Maroussem père, propriétaire à Angoulême.
15 avril 1843.	Debect, propriétaire, maire à Dignac.
15 juillet 1843.	Leclerc-Chauvin, ✳, propriétaire à Angoulême.
15 janvier 1844.	De Galard de Béarn, propriétaire aux Rigallaux.
—	Délita-Machenaud, ✳, officier supérieur d'administration en retraite, à Angoulême.
16 avril 1845.	David, avocat à Angoulême.
15 janvier 1847.	Rambaud de Larocque, ✳, membre du conseil général, à Angoulême.
15 février 1850.	Guilhot (Hippolyte), suppléant du juge de paix, à Angoulême.
15 janvier 1851.	Navarre, maire à Mornac.
—	Sazerac de Forge (Adhémar), *vice-président de la Société*, à Angoulême.
15 novembre 1851.	Bourrut-Duvivier, ✳, juge de paix à Villebois-la-Vallette.
15 mars 1852.	Decescaud-Vignérias, avocat à Angoulême.
15 juillet 1852.	Sauquet, chef d'institution à Angoulême.
15 décembre 1852.	De Chassay, propriétaire, maire à Verneuil.

DATE DE LA NOMINATION.	NOMS ET QUALITÉS DES MEMBRES.
	MM.
15 février 1853.	Benéteau, propriétaire à Angoulème.
—	Guimberteau, procureur de la République à Barbezieux.
—	Richaud, curé à Saint-Claud.
15 mai 1854.	Eugène de Thiac, ✻ ✻ ✻, *président de la Société*, membre du conseil général, à Puyréaux.
16 août 1854.	Clément Prieur, *secrétaire général de la Société*, maire à Anais.
15 janvier 1855.	Broussard, propriétaire à Montbron.
—	Jouannet, directeur du *Crédit agricole*, à Angoulème.
15 juin 1855.	Ducoux, propriétaire à Mansle.
—	Texier-Pombreton, secrétaire général des hospices d'Angoulème.
15 juillet 1855.	Duval, curé à Chasseneuil.
15 janvier 1856.	De Roux (Victor), propriétaire à Cherves-Châtelars.
—	Bourdelière, propriétaire à Tapounat.
15 février 1856.	De Montembœuf, propriétaire à Montembœuf.
—	Mailfer, ancien vice-président de la Société, propriétaire à Aunac.
15 avril 1856.	De Rencogne, archiviste du département, président de la Société archéologique, à Angoulème.
—	Jullien, médecin-vétérinaire à Angoulème.
—	De Villemandy, avocat, propriétaire à La Rochefoucauld.
15 juillet 1856.	Rousseau, propriétaire à Saint-Cybardeaux.
16 août 1856.	La Quintinie, propriétaire à Chabanais.
—	Feyler, ancien capitaine d'artillerie, à Angoulème.
15 décembre 1856.	Sazerac de Forge (Paul), ✻, conseiller général, à Angoulème.
—	De Ribérolles, propriétaire à Rivières.
15 janvier 1857.	Trousset (Auguste), mécanicien à Angoulème.
—	Duvaux, mécanicien à Angoulème.
15 février 1857.	Bourdin, greffier en chef du tribunal, à Angoulème.
—	Maufras fils, propriétaire à L'Houmeau-Pontouvre.
15 février 1857.	Ganivet (Alban, ✻, avocat, député, à Angoulème.
15 avril 1857.	Castaigne fils, négociant à Angoulème.
15 mai 1857.	Boudet aîné, horticulteur à Angoulème.
15 juin 1857.	Tavernier, trésorier-payeur général à Angoulème.
6 août 1857.	Arrondeau-Chabrignac, propriétaire, maire à Rouzède.
—	Bessette fils, docteur en médecine à Angoulème.

DATE DE LA NOMINATION.	NOMS ET QUALITÉS DES MEMBRES.
	MM.
6 août 1857.	Vallier (Zénobe), propriétaire à Bignac.
16 août 1857.	Mathé-Dumaine (Georges), ancien trésorier de la Société, avoué à Angoulême.
—	Tabuteau, propriétaire à Aignes-et-Puypéroux.
15 décembre 1857.	Gontier, propriétaire, maire à Fléac.
—	Beirand, juge de paix du deuxième canton, à Angoulême.
—	Allenet, pharmacien à Angoulême.
—	Puymoyen, ancien avoué à Angoulême.
—	Bourzac, ✳, ancien proviseur du lycée à Angoulême.
—	Cuirblanc (E.), avocat, propriétaire à Ruffec.
15 février 1858.	Chaloupin, avocat à Angoulême.
—	Lacroix (Justin), ✳, fabricant de papiers, adjoint au maire à Angoulême.
—	Lacroix (Eugène), fabricant de papiers à Angoulême.
—	Monteilh (Edmond) avocat, propriétaire à Angoulême.
—	Texier, propriétaire à Saint-Yrieix.
—	Doyen, propriétaire, maire à Balzac.
—	Boutinon, propriétaire à L'Epineuil.
—	Detoc, *trésorier de la Société*, à Angoulême.
15 mars 1858.	De Lavigerie, propriétaire à Montbron.
—	Machenaud-Beauchamp, propriétaire, maire à Hiersac.
—	Vincent, pharmacien à Angoulême.
—	Constantin, propriétaire à Fléac.
—	Marrot, avocat, maire à Angoulême.
15 avril 1858.	Nadaud, ✳, avocat, directeur du *Charentais*, à Angoulême.
15 novembre 1858.	Védrenne, propriétaire à Saint-Amant-de-Boixe.
—	Normandin, propriétaire à Rouillac.
15 décembre 1858.	De Ferrière, propriétaire à Montbron.
15 mars 1859.	Leclerc, docteur en médecine à Rouillac.
—	Favraud fils, propriét. à Foussignac, canton de Jarnac.
—	Mallet (Eugène), propriétaire à Saint-Simeux.
15 juillet 1859.	Rogée, ancien pharmacien à Angoulême.
—	Machenaud (Léon, propriétaire, brasseur à Angoulême.
15 décembre 1859.	De Sanzillon, propriétaire, maire à Montignac-le-Coq.
—	Petit, propriétaire aux Simards de Saint-Yrieix.
15 avril 1860.	Trousset (Camille), tréfileur à Angoulême.
15 mai 1860.	Collaud (Eugène), poêlier, conseiller municipal à Angoulême.
—	Sazerac de Forge (Abel), avocat, prop. à Angoulême.

DATE DE LA NOMINATION:	NOMS ET QUALITÉS DES MEMBRES.
	MM.
15 mai 1860.	Richon, propriétaire à Champniers.
15 février 1861.	Matignon, négociant à Angoulême.
15 juin 1861.	Bujeaud (Victor), ancien négociant, propriétaire à Angoulême.
15 novembre 1861.	Valteau-Fouquet, juge de paix à Hiersac.
—	Gaultier, notaire à Hiersac.
—	Gatay, docteur en médecine à Saint-Christophe.
—	Maurin, propriétaire à L'Habit d'Echallat.
—	Lambert, propriétaire à Trois-Palis.
—	Belot (Mathieu-Mathurin), propriétaire aux Mornats de Fléac.
15 novembre 1861.	Pasturaud, propriétaire, maire à Vars.
26 décembre 1862.	Rossignol, maire à Brie, canton de La Rochefoucauld.
—	Chapeaublanc, entrepreneur à Bardines.
—	Constant, ancien juge de paix à Pérignac.
16 mars 1863.	Guérin-Boutaud, propriétaire à La Chapelle de Saint-Amant-de-Boixe.
15 janvier 1864.	François, voyer de la ville, à Angoulême.
15 février 1864.	Imbaud, propriétaire à Tourriers.
15 avril 1864.	Hillairet (Gabriel), pharmacien à Angoulême.
—	Labregère fils, propriétaire à Yvrac-Malleyrand.
15 novembre 1864.	Desbouchaud, propriétaire à Nersac.
—	Andouard, filateur à Nersac.
—	Cognet, propriétaire à La Brûlerie, près Angoulême.
—	Charron fils, propriétaire à Vouharte.
15 décembre 1864.	D'Hémery, conseiller général, à Bioussac, près Ruffec.
—	De Champvallier, conseiller général, député, à Bernac.
—	Toyon aîné, propriétaire à Champniers.
15 janvier 1865.	Hervé, mécanicien à Rouillac.
15 février 1865.	Penot, propriétaire à Angoulême.
15 mai 1865.	Ducoux, propriétaire aux Fouilloux de La Chapelle.
—	Planat, député au Corps législatif, à Cognac.
—	André, O. ✻, député, conseiller général, à Aigre.
15 juin 1865.	Angelvy, maire à Saint-Christophe.
—	Bertin (Victor), propriétaire à Barbezieux.
—	Bouraud, conseiller général, à Cognac.
—	Boutellaud, propriétaire à Barbezieux.
—	Babaud-Laribière (Ch.), propriétaire à Confolens.
—	Boucherie-Papinaud, ancien conseiller général, à Barbezieux.
—	Bouniceau-Gesmon, ✻, conseiller général, juge, à Bordeaux.

DATE DE LA NOMINATION.	NOMS ET QUALITÉS DES MEMBRES.
	MM.
15 juin 1865.	Bourrand, docteur en médecine, conseiller général, à La Rochefoucauld.
—	Babaud-Laribière (L), avocat, à Villechaise, prés Confolens..
—	Barbot-d'Hauteclaire, propriétaire à Tauzac, près Montembœuf.
—	Bertaudeau fils, conseiller d'arrondissement, maire à Juillac-le-Coq.
—	Bertaudeau père, ✳, conseiller d'arrondissement, à Juillac-le-Coq.
—	Chaudier, maire à Lignières.
—	Dumas, C. ✳, colonel retraité et maire à La Prade.
—	Devaux, maire à La Couronne.
—	Frère (Gustave), propriétaire, adjoint à Ruffec.
—	Foucaud, négociant à Cognac.
—	Gaillard, conseiller général, maire à La Chaise.
—	Got, notaire à Baignes.
—	Gaillard fils, négociant à Barbezieux.
—	Gueslin, conseiller général, à Châteauneuf.
—	Gallais, ancien maire à Ruffec.
—	Hillairet, notaire, conseiller d'arrondissement, à Barbezieux.
—	Hérard, chef de division honoraire de la préfecture, à Angoulême.
—	Jobit, juge de paix à Aigre.
—	Joubert, conseiller d'arrondissement, maire à Villefagnan
—	De Landrevie, propriétaire à Confolens.
—	Lacroisade, docteur en médecine à La Couronne
—	Le marquis de Lamballerie, ancien conseiller général, à Saint-Christophe de Chalais.
—	De Lacroix de Flaville, maire à Bonneuil.
—	De Laborderie, conseiller d'arrondt, maire à Lesterps.
—	Le comte de La Rochefoucauld, ✳, ancien ministre plénipotentiaire, à Verteuil.
—	Laroche-Joubert (Edmond), ancien député, fabricant de papiers à Angoulême.
—	Maître-Duchambon, propriétaire, maire à Saint-Ciers.
—	Moullon, propriétaire à Cherves de Cognac.
—	Martin (Eugène), propriétaire aux Conils de Touzac.
—	Meslier, avocat, conseiller général, à Barbezieux.
—	Malbay de Lavigerie, maire à Londigny.

DATE DE LA NOMINATION.	NOMS ET QUALITÉS DES MEMBRES.
	MM.
15 juin 1865.	Maret (Constantin), propriétaire à Saint-Adjutory.
—	Mathieu-Bodet, ✳, avocat, conseiller général, député, à Paris.
—	Nadaud, propriétaire, maire à Chazelles.
—	Nicot Jacques), négociant à Cognac.
—	Perry de Nieuil, propriétaire à Nieuil.
—	Patureau-Lanauve, maire à Bonnes.
—	Popelet, propriétaire à Roissac, par Angeac-Champagne.
—	Périgord de Villechenon, propriétaire à Confolens.
	Rochard, médecin vétérinaire à Barbezieux.
—	Rousseau, négociant, maire à Jarnac.
—	Robuste, conseiller général, à Villebois-la-Vallette.
—	Vallantin-Dulac, conseiller général, notaire à Montbron.
16 août 1865.	Bourdin, juge de paix à Blanzac.
—	Banvillet, médecin-vétérinaire à Barbezieux.
—	Gautier (Louis), maire à Aigre.
—	De Lagarde, ✳, docteur-médecin à Confolens.
—	Labonne, chef d'institution à Blanzac.
—	De Massougne (Ernest), propriétaire à Bonneville.
15 novembre 1865	Brumauld de Montgazon, ancien maire à Ruffec.
—	Abadie, propriétaire à La Couronne.
—	Desmiers, propriétaire à Chenon.
15 janvier 1866.	Astier, propriétaire à Angoulême.
—	Briand, fabricant de chaux hydraulique à Échoisy, près Luxé.
—	Bergeron, propriétaire à Saint-Michel.
—	Boulineau (Eugène), propriétaire à Genté, par Cognac.
—	Brunet, propriétaire à La Tour, près Gimeux.
—	Bonjour, adjoint au maire à Angeac-Champagne.
—	Bonnin, maire à Saint-Laurent-de-Belzagot.
—	Briand, adjoint au maire à Rouillac.
—	Biard, conseiller municipal à Blanzac.
—	Soize, conseiller municipal à Yviers.
—	Baudry, conseiller munic. à Argence de Champniers.
—	Barouyer, propriét. aux Petits-Champs de Rouillac.
—	Bernard (Pierre), cons. municipal à St-Palais-du-Né.
15 janvier 1866.	Chauveau, fabricant de papiers à Angoulême.
—	Cordova, propriétaire à Angoulême.
—	Couprie, négociant à Gourville.
—	De Chaumont, propriétaire au Cluzeau de Vindelle.

DATE DE LA NOMINATION.	NOMS ET QUALITÉS DES MEMBRES.
	MM.
15 janvier 1866.	Daras, ✳, officier de marine retraité, à Angoulême.
—	Décescaud, avocat à Angoulême.
—	Denis (Jean), négociant à Cognac.
—	Delamain (Henri), négociant à Jarnac.
—	Du Lau, propriétaire à Saint-Projet.
—	Dupas, propriétaire à Courgeac.
—	Deschamps aîné, négociant à Jurignac.
—	Duche-Laquintane, ancien maire à Confolens.
—	Daniaud, conseiller municipal à Villejésus.
—	Escoubeyroux, maire à Gardes.
—	Fèvre, propriétaire et maire à Reignac.
—	Foucaud, ancien notaire à Fléac.
—	Fougère fils, propriét. à Boismuzet de Champniers.
—	Gautier aîné, maire à Fouqueure.
—	Gourgue, maire à Sonneville, près Rouillac.
—	Guionnet Jean), conseiller municipal à Champniers.
—	Gros, propriétaire à Montmoreau.
—	Hazard, conseiller municipal à Angoulême.
—	Labonne, maire à Courgeac.
—	Larue, conseiller municipal à Mérignac.
—	Lacroix Adolphe, fabricant de papiers à Angoulême.
—	Lacouture, propriétaire à Gurat.
—	Lurat Aristide, propriétaire à La Couronne.
—	Michaud fils, propriétaire à Fleurac, près Jarnac.
—	Nouel, propriétaire à Villebois-la-Vallette.
—	Quillard, propriétaire à La Rochefoucauld.
—	Ribot, conseiller municipal à Puymoyen.
—	Roux, propriétaire, adjoint au maire à Sireuil.
—	Sabourdin fils, maire à Vouzan.
—	Simon-Pierrière, maire à La Chapelle de Saint-Amant.
—	Thibaud, propriétaire à Crouin, de Cognac.
—	Thommeret (Théophile), propriétaire à Barbezieux.
—	De Taffin, propriétaire à La Boissière de Champagne.
—	Valteau de La Fillière, propriétaire à Hiersac.
—	Fouchin, propriétaire Chez-Maillard, près Mainfonds.
—	Sauvage fils aîné, propriétaire au Maine-Brun, près Montmoreau.
15 avril 1866.	De la Bastide Paul, ✳, propriétaire au château de Pressac, par Chabanais.
15 mai 1866.	Dubois-Chemison, receveur de l'enregistrement à Montignac.
16 août 1866.	Seguin, propriétaire, maire à Chadurie.

DATE DE LA NOMINATION.	NOMS ET QUALITÉS DES MEMBRES.
	MM.
16 août 1866.	Mallet, propriétaire à Barbezieux.
—	Aigre, propriétaire à Fouquebrune.
15 novembre 1866.	Danède, instituteur à Saint-Yrieix.
15 décembre 1866.	Chertier, propriétaire à La Prade.
—	Masquet, propriétaire à Vars.
—	Nebout, propriétaire à Beaumont, par Vars.
—	Le baron Goursaut de Chamborant de Périssat, propriétaire, maire à Esse.
15 juin 1867.	Lambert, juge à Confolens.
16 mars 1868.	Diot, ✳, inspecteur d'académie à Angoulême.
—	Fraiche, professeur de physique, chimie et histoire naturelle au lycée, à Angoulême.
—	Lafond, propriétaire à Trois-Palis.
—	Moreau, employé de la préfecture, chargé de la statistique agricole, commerciale et industrielle, à Angoulême.
—	Maréchal, professeur de physique, chimie et histoire naturelle au lycée, à Angoulême.
15 décembre 1868.	Noël, propriétaire à Mainzac.
16 mars 1869.	Boreau-Lajanadie, conseiller à la cour d'appel de Bordeaux, député.
—	Ducoudert, membre du conseil général, à Chabanais.
—	Marchand, membre du conseil général de la Charente, député, à Loubert.
—	Nadaud (Victor), propriétaire à Churet, commune d'Anais.
—	Valteau, négociant, propriétaire à Hiersac.
15 avril 1869.	Audoin, propriétaire à la Talonnière, près Aigre.
—	Bourdier-Lanauve, membre du conseil général, maire à Bors de Montmoreau.
—	Bénard, président du tribunal de 1re instance à Angoulême.
—	Bellot aîné, négociant d'eau-de-vie à Luxé.
—	Desvallée, propriétaire à Fouqueure.
—	Dupuy (Jules), négociant d'eau-de-vie à Cognac.
—	Daly, médecin-dentiste à Angoulême.
—	Goumard, libraire-éditeur à Angoulême.
—	Hériard père, propriétaire à Villognon.
—	Levert, ✳, ingénieur en chef des ponts et chaussées à Angoulême.
—	Labrousse, propriétaire à Champmillon.
—	Martell (Charles), négociant d'eau-de-vie à Cognac.

DATE DE LA NOMINATION.	NOMS ET QUALITÉS DES MEMBRES.
	MM.
15 avril 1869.	Modenel, fabricant de chaux hydraulique, conseiller d'arrondissement, à Echoisy, commune de Celleties.
—	Mouchier, conseiller d'arrondissement, notaire à Aigre.
—	Mourou, avoué à Ruffec.
—	Poitevin, ✳, docteur en médecine, ancien conseiller général, propriétaire à Villefagnan.
—	Ricard, docteur en médecine à Angoulême.
—	L'abbé Saivet, chanoine-archiprêtre, curé de la cathédrale, à Angoulême.
15 mai 1869.	Amiaud, notaire à Vars.
—	Bouchet, agent-voyer à Saint-Claud.
—	Boiteau (Léonce), négociant d'eau-de-vie à Angoulême.
—	Baillarger, *secrétaire-archiviste de la Société*, à Angoulême.
—	Bouchet, ancien instituteur à Montigné.
—	Callaud (Jules), propriétaire à Angoulême.
—	Chagnaud, propriétaire à Verdille.
—	L. Cail, ancien inspecteur des forêts à Aigre.
—	Condamy, ancien pharmacien à Angoulême.
—	Despéroux fils, banquier et propriétaire à Angoulême.
—	Le colonel Dutemps du Gric, O. ✳, directeur de la fonderie nationale de Ruelle.
—	Dagail, ingénieur civil à Angoulême.
—	Ducongé, propriétaire à Rozet, commune de Combiers.
—	Guilhot, notaire à Angoulême.
—	Gros-Vignaud, juge de paix à Saint-Claud.
—	Lotte, mécanicien à Mansle.
—	Le comte Lemercier, président du conseil d'administration des chemins de fer des Charentes, à Paris.
—	Machenaud, ✳, conseiller d'arrondissement, maire à Mansle.
—	Morand, pharmacien, adjoint au maire, à Mansle.
—	Nivet, ingénieur civil à Mansle.
—	Niort, médecin-vétérinaire à Rouillac.
—	Le baron Otard de Lagrange, conseiller d'arrondissement, négociant d'eau-de-vie à Cognac.
—	Paulhier, docteur en médecine à Aigre.
—	Pailloux, négociant d'eau-de-vie à Aigre.
—	De Salignac, négociant d'eau-de-vie à Cognac.
—	Touzaud, propriétaire à Bessé.
—	Trouillier, notaire à Angoulême.
—	Viaud, médecin-vétérinaire à Aigre.

DATE DE LA NOMINATION.	NOMS ET QUALITÉS DES MEMBRES.
	MM.
15 mai 1869.	Warin, architecte de la ville, à Angoulême.
15 juin 1869.	Boisnaud, médecin-vétérinaire à Angoulême.
—	Bordier, ✳, conseiller à la cour d'appel de Bordeaux.
—	Brunet fils, propriétaire à Gimeux.
—	Bernard, notaire, maire à Magnac-sur-Touvre.
—	Clouet, propriétaire à Guimps.
—	Chauvier, avocat et clerc de notaire à Angoulême.
—	Juin, propriétaire à Saint-Smeux.
—	Maurin, instituteur à Saint-Cybardeaux.
15 juillet 1869.	Siret (Gustave), propriétaire à Marcillac.
16 août 1869.	Arlin (Sincère), maire à Saint-Gervais.
—	Dérivau, avocat, juge suppléant du tribunal, à Angoulême.
—	Gigon, docteur en médecine, à Angoulême.
—	Jozeau, propriétaire à Luxé.
—	Préponnier, architecte du département, à Angoulême.
—	Tandonnet (Paul), propriétaire à Champagne-Mouton, armateur à Bordeaux.
15 novembre 1869.	De Lisle, propriétaire à Montignac-le-Coq.
—	Donzolle, pharmacien, conseiller municipal à Angoulême.
—	Dumas, docteur en médecine à Villebois-la-Vallette.
—	Saumon, agriculteur à La Rochefoucauld.
14 janvier 1870.	Bernardaud, propriétaire à Xambes.
—	Col (Eugèn), propriétaire à Saint-Gervais.
—	Danet, propriétaire au château de Puybeautiers, commune de Saint-Coutant.
—	Fournier, docteur en médecine à Angoulême.
—	Guilhaud fils, docteur en médecine à Ruffec.
—	Gratreau, notaire à Tourriers.
—	De La Guéronnière, ancien conseiller général à Massignac.
—	Le comte Gaston de La Rochefoucauld, à Verteuil.
—	Le comte Aymery de La Rochefoucauld, à Verteuil.
—	Laplace jeune, propriétaire à Montigne.
—	De Montardy, propriétaire à Bioussac.
—	Marigné (Leopold), propriétaire à Champagne-Mouton.
—	Machenaud, docteur en médecine à Angoulême.
—	L'abbé Nanglard, vicaire général de Mgr l'évêque, à Angoulême.
—	Pestre, ✳, direct^r des contrib. directes à Angoulême.

DATE DE LA NOMINATION	NOMS ET QUALITÉS DES MEMBRES.
	MM.
14 janvier 1870.	Richon fils, propriétaire à Balzac.
—	Robuste de Laubarière (Alfred), propriét. à Ronsenac.
—	De Saint-Maur (Alfred), notaire à Paris.
14 février 1870.	Le comte de Bourdeilles, propriétaire au château de Saveille, commune de Paizay-Naudouin.
—	Bernard (Théodore), propriétaire agriculteur à La Chabanne, près La Rochefoucauld.
—	Bennassi, propriétaire à Angoulême.
—	L'abbé Cousseau, vicaire général de Mgr l'évèque, à Angoulême.
—	Chassériaux, notaire, conseiller d'arrondissement, maire à Mouthiers.
—	Degail, instituteur à Vervant.
—	Delorière (Justin), propriétaire éleveur à La Rochefoucauld.
—	Dubois de Labarre, propriétaire à Anais.
—	Desgraviers, propriétaire à Mornac.
—	Dagail, médecin-vétérinaire à Segonzac.
—	Eyriaud, docteur en médecine à Angoulême.
—	Frappin, propriétaire au Chêne, près Châteauneuf.
—	Grellier, conseiller municipal à Mouthiers.
—	Guignard, instituteur à Saint-Projet.
—	Gautier (Lucien), propriétaire à Aigre.
—	Gautier (Georges), propriétaire à Aigre.
—	Hennessy (Richard), négociant à Cognac.
—	Hennessy (Jacques), négociant à Cognac.
—	De Lenchère, propriétaire à Bonneuil.
—	Marquais, propriétaire à L'Hermitage, près Vars.
—	L'abbé Ménard, curé doyen à Mansle.
—	Michaud, propriétaire à Villognon.
—	Mesnard, propriétaire et officier ministériel à Montignac-Charente.
—	Malas fils, propriétaire à Touvent, près Aubeterre.
—	Noblet, propriétaire à Mouthiers.
—	Nouel (Amédée), propriétaire à Mougnac de La Couronne.
—	Nadaud, ancien notaire, propriétaire à Angoulême.
—	Nadaud, maire à Cellefrouin.
—	Poupelet, conseiller de préfecture à Angoulême.
—	Pelletan-Baudry fils, propriétaire à Montignac-Charente.
—	Petit (J.), propriétaire à Rancogne.

DATE DE LA NOMINATION	NOMS ET QUALITÉS DES MEMBRES.
	MM.
14 février 1870.	Roux (Jean), propriétaire à Nitrat, commune de Saint-Aman'-de-Boixe.
—	Le comte Edouard de Ribes, propriétaire agronome, rue de Rovigo, 48, Paris.
—	Saulnier, médecin-vétérinaire au Pontouvre, près Angoulême.
—	Sebilleau, notaire à Aunac.
—	Servant fils, minotier à Coursac, près Vars.
—	Varagnac, propriétaire à Voulgézac.
16 mai 1870.	Bouillat (Jean), propriétaire à Rouhénac, commune de Vars.
—	Bertrand fils, propriétaire-agriculteur à Champniers.
—	Boucherie, propriétaire, maire à Voulgézac.
—	Boisnard, médecin-vétérinaire à Angoulême.
—	Buzat, propriétaire à Vars.
—	Clément (Charles), propriétaire à Champniers.
—	Laroche (Arthur), fabricant de papier à Larochechandry, commune de Mouthiers.
—	Monnereau, propriétaire à Guimps.
—	Mousset fils aîné, propriétaire à Montignac-Charente.
—	Pelletant, propriétaire à Genté.
—	Roumage, propriétaire, maire à Saint-Preuil.
—	Rossignol (Jean), propriétaire à Vars.
—	Texier, négociant, place du Mûrier, à Angoulême.
—	Le prince de Viarna, comte de Béarn fils, agronome à Larochebeaucourt.
15 juin 1870.	Bouyer-Lavallée, propriétaire à Coulonges.
—	Bigot, propriétaire, conseiller municipal à Aigre.
—	Fouchier (Alfred), propriétaire à Montbron.
—	Menut de Latonne, conseiller d'arrondissement, juge à Ruffec.
—	Vinsonneau, propriétaire à Ambleville.
—	Nadaud-Lalande, négociant à Angoulême.
15 juillet 1871.	D'Ascoña, professeur, propriétaire à Angoulême.
—	Alamigeon aîné, fabricant de papiers à Ruelle.
—	L'abbé Durand, curé de Puyreaux.
—	Delâge (Armand), maître de forges, à Angoulême.
—	Pajot, conducteur des ponts et chaussées, à Angoulême.
—	Lameaud, propriétaire, négociant à Aigre.
15 mars 1872.	De Bourdage, conseiller général, maire à Roussines.
	Callaud-Bélisle, percepteur à Tourriers.

DATE DE LA NOMINATION	NOMS ET QUALITÉS DES MEMBRES.
	MM.
15 mars 1872.	Comte (Élie), instituteur au Temple de Rouillac.
—	Daguerre, fabricant de papiers, conseiller général, à Saint-Séverin.
—	Delafaye du Bourgoin, conseiller général, à Brossac.
—	David, propriétaire, maire à Anville.
—	Ferrand (Élie), propriétaire, conseiller municipal à Segonzac.
—	Gaillard fils, propriétaire à Saint-Yrieix.
—	Isambert (Eugène), ancien conseiller de préfecture, propriétaire à Goué, près Mansle.
—	Lajeunie, conseiller général, maire à Saint-Quentin de Chalais.
—	Martell (Édouard), conseiller général, député, maire à Cherves de Cognac.
—	Mercier (Jean), propriétaire aux Sirets de Linars.
15 mai 1872.	Bouyer, instituteur à La Tâche.
—	Sem, fabricant de papiers à Bourisson, commune de Vœuil.
15 juin 1872.	Lavaud (Edmond), receveur de l'enregistrement à Chalais.
—	Lavaud, agriculteur, marchand de bois à Lascoux, près Cellefrouin.
15 juillet 1872.	Marchal, secrétaire général de la préfecture, à Angoulême.
—	Isambert, propriétaire à Mansle.

EXTRAIT
DES PROCÈS-VERBAUX

DES SÉANCES

DE LA SOCIÉTÉ D'AGRICULTURE

SCIENCES, ARTS ET COMMERCE DU DÉPARTEMENT DE LA CHARENTE

PROCÈS-VERBAL DE LA SÉANCE DU 15 FÉVRIER 1872.

PRÉSIDENCE DE M. DE THIAC,
PRÉSIDENT.

La séance est ouverte à midi et demi.

Le procès-verbal est lu et adopté.

M. le Président donne lecture de la liste suivante de membres proposés pour faire partie de la Société :

MM. Édouard Martell, député de la Charente, négociant à Cognac.

De Bourdage, maître de forges, conseiller général.

Daguerre, conseiller général, à Saint-Séverin.

De Lafaye du Bourgoin, conseiller général.

Lajeunie, conseiller général.

Eugène Isambert, ancien conseiller de préfecture, au château de Goué, près Mansle.

Élie Ferrant, à Segonzac.

Callaud-Bélisle, percepteur à Tourriers.

MM. David, maire d'Anville.

Guillard fils, à Saint-Yrieix.

Élie Comte, propriétaire et instituteur au Temple de Rouillac.

Jean Mercier, aux Sirets, commune de Linars.

M. le Président dit qu'il sera procédé à la prochaine séance à l'élection des membres proposés.

M. Sazerac de Forge, vice-président, rappelle à l'assemblée les démarches qu'elle a faites en faveur des bouilleurs de crû, démarches qui ont pu contribuer à faire rejeter le projet d'impôt dont ces derniers étaient menacés, mais il annonce que les intérêts de nos distillateurs sont de nouveau menacés, et qu'un amendement à la loi de finances tend à faire reprendre le projet abandonné. Il pose à la Société la question de savoir si elle ne devrait pas renouveler sa protestation.

M. Machenaud pense que le principal motif d'imposer les bouilleurs de crû, c'est d'empêcher la fraude, la recette prévue étant d'ailleurs à peu près insignifiante.

M. Adhémar Sazerac de Forge fait l'historique de la question ; cet honorable membre relève les nombreuses erreurs auxquelles aboutissent les auteurs du projet et les difficultés qu'on rencontrerait dans l'application de la loi. Il signale notamment la dépense considérable qui résulterait pour les finances de l'État de l'augmentation d'un personnel déjà très nombreux, et émet le doute que l'on parvînt jamais à exercer une surveillance suffisante pour assurer la stricte exécution de cette réglementation nouvelle.

A la suite de cette discussion, l'assemblée décide qu'elle renouvellera sa protestation, et invite son bureau à rédiger une pétition dans ce sens, qui sera adressée à qui de droit.

M. le Président procède à la distribution aux lauréats du concours du 4 février des médailles qui n'avaient pu être remises à la séance de distribution des primes et récompenses.

A l'occasion de cette distribution, M. Machenaud fait observer qu'il serait bien de publier très prochainement le programme du concours d'animaux gras de 1873, de manière à permettre aux éleveurs de se préparer dans des conditions plus avantageuses.

M. le Président répond que le concours a été publiquement annoncé à la séance de distribution, et que quant au programme il y aura lieu de le discuter de nouveau, pour examiner s'il ne serait pas bien de le modifier sur quelques points essentiels. Ainsi, cette année, nous avons limité notre action au département. Ne conviendrait-il pas d'imiter la Haute-Vienne et la Gironde, qui ont accueilli à leur concours les départements limitrophes ?

M. Nadaud, de Chazelles, objecte que l'idée d'appeler à Angoulême les éleveurs étrangers au département aura nécessairement pour conséquence de mettre les prix à la discrétion d'une certaine catégorie d'exposants que l'on appelle vulgairement des coureurs de concours. En résumé, dit-il, voulez-vous encourager le propriétaire, le colon, restreignez-vous au département ; si vous voulez flatter les yeux et provoquer l'admiration du spectateur, acceptez les étrangers.

M. Laroche-Joubert dit que vouloir restreindre le concours au département, c'est repousser les enseignements que nous pourrions recueillir sur un champ plus vaste d'études. Il ajoute que le système de la restriction est un système suranné que la concurrence a détruit, et qu'il serait peu sage de faire revivre à l'occasion d'un concours qui vise toujours un but d'intérêt public.

M. le Président résume la question et termine en disant qu'il sera facile de concilier tous les intérêts par la rédaction du programme, qui sera mise à l'ordre du jour d'une séance ultérieure, et alors que les ressources de la Société seront connues.

L'ordre du jour appelle l'élection du bureau; mais, vu l'article 7 du règlement, qui exige la présence du huitième des membres participants, et après avoir constaté que l'assemblée n'est pas en nombre, M. le Président propose de renvoyer l'élection à la séance du 15 mars.

L'assemblée, consultée, adopte cette proposition.

M. Machenaud-Rhodius est d'avis que les prescriptions du règlement, bonnes peut-être pour le temps où il fut élaboré, sont aujourd'hui trop sévères. En effet, dans ces dernières années, la Société a pris une grande extension, et songer à réunir en une séance le huitième des membres épars dans tout le département, c'est impossible. En conséquence, il propose de réviser le règlement dans le sens qu'il indique, c'est-à-dire en ramenant au dixième ou au quinzième, selon que la Société voudra en décider, le nombre de membres nécessaire pour la validité de l'élection.

MM. Montgazon et Guérin-Boutaud opinent dans le même sens. Ce dernier réclame que, dans tous les cas, il serait d'une sage pratique d'ouvrir le scrutin dès le commencement de la séance, de manière à permettre à tous les membres présents à Angoulême de venir déposer leur bulletin. Ce mode de votation serait de nature, dans la pensée de cet honorable membre, à prévenir l'inconvénient qui se présente aujourd'hui.

Cette observation est favorablement accueillie, et M. le Président annonce à l'assemblée que le mode indiqué par M. Guérin-Boutaud sera mis en pratique pour l'élection de la séance prochaine.

Revenant à la proposition de révision du règlement formulée par M. Machenaud, M. le Président consulte l'assemblée sur sa prise en considération.

L'assemblée vote la prise en considération.

En conséquence, une commission chargée d'examiner cette proposition et de présenter un rapport sur la question à une prochaine séance est nommée. Elle est composée de MM. Machenaud, Rogée et Chemison-Dubois.

M. Sazerac de Forge, vice président, parle du traité de commerce avec l'Angleterre, de l'exportation des vins et des eaux-de-vie. Il manifeste ses appréhensions sur la dénonciation du traité et sur le préjudice considérable que cette dénonciation causerait à la Charente.

M. Rogée donne lecture du rapport de la commission de la comptabilité concluant à l'approbation des comptes de M. le trésorier.

Le rapport et ses conclusions sont adoptés.

Sur la proposition de M. Laroche-Joubert, l'assemblée décide qu'elle chargera la maison Jouannet et Ce d'opérer les recouvrements de la Société pour la commune d'Angoulême comme pour le reste du département.

Rien n'étant plus à l'ordre du jour, la séance est levée à trois heures et demie.

Le Secrétaire général,

CLÉMENT PRIEUR.

SÉANCE DU 15 MARS 1872.

PRÉSIDENCE DE M. DE THIAC,

PRÉSIDENT.

La séance est ouverte à onze heures.

Le scrutin pour la réélection du bureau est ouvert et les membres présents sont invités à déposer leurs votes. M. le Président rappelle que le dépouillement du scrutin aura lieu à trois heures, et il engage les sociétaires à assister à cette opération pour le cas, particulièrement, où il y aurait lieu de procéder à un second tour de scrutin.

Le procès-verbal est ensuite lu et adopté.

M. le Président communique à l'assemblée une lettre de M. le directeur de la compagnie du chemin de fer d'Orléans en réponse à la demande qui lui a été faite d'accorder une réduction de prix en faveur des membres de la Société qui se rendent aux réunions mensuelles. Cette lettre est transmise à la commission de révision du règlement.

Il est ensuite procédé à l'élection des membres proposés à la dernière séance et dont les noms suivent :

MM. Édouard Martell, député de la Charente, négociant à Cognac.

De Bourdage, maître de forges, conseiller général.

Daguerre, conseiller général, à Saint-Séverin.

De Lafaye du Bourgoin, conseiller général.

Lajeunie, conseiller général.

Eugène Isambert, ancien conseiller de préfecture, au château de Goué, près Mansle.

Élie Ferrant, à Segonzac.

MM. Callaud-Bélisle, percepteur à Tourriers.

David, maire d'Anville..

Guillard fils, à Saint-Yrieix.

Élie Comte, propriétaire et instituteur au Temple de Rouillac.

Jean Mercier, aux Sirets, commune de Linars.

Chacun de ces messieurs ayant obtenu la majorité des suffrages exprimés est proclamé membre de la Société.

M. le Président annonce la présentation faite par M. Camille Trousset de M. Seyme, et celle de M. Bouyer, instituteur à La Tâche, présenté par M. Nadaud. Il sera procédé dans la séance prochaine à l'élection des candidats proposés.

M. le Président procède au dépouillement de la correspondance et communique à l'assemblée l'invitation faite à la Société d'envoyer des délégués aux congrès de Paris, de Lyon et de Saint-Brieuc.

La parole est donnée à M. Condamy pour la lecture de son rapport sur la culture de la truffe.

A la suite de ce rapport, qui est favorablement accueilli par l'assemblée, M. le Président propose à la Société de se livrer à des expériences sur cette question si intéressante de la production des truffes. Dans ce but, il déclare mettre à la disposition de la Société son domaine de Puyréaux et prie M. Condamy de vouloir bien consacrer ses connaissances spéciales à ces études.

L'assemblée adopte le rapport de M. Condamy et en vote l'insertion dans ses *Annales*.

M. Adh. Sazerac de Forge appelle l'attention de l'assemblée sur les inconvénients qui résulteront pour les producteurs d'eau-de-vie de l'application faite par la régie de la loi du 28 février dernier Ainsi, la régie se réserve un délai de vingt-quatre heures dans les villes et de soixante-douze heures (trois jours) dans les campagnes, pour vérifier la marchandise expédiée; d'où il résulte que le propriétaire livreur se trouvera exposé à des frais de voyages et de déplacement aussi onéreux que contraires à ses habitudes.

M. Adh. Sazerac de Forge communique à l'assemblée la correspondance qu'il a échangée avec la députation de la Charente, et où il réclame énergiquement contre la loi ou contre l'usage qu'on en veut faire.

M. le Président proteste contre les faits signalés par M. le Vice-Président.

A la suite d'une discussion, à laquelle prennent part MM. Machenaud, Gautier et Boucherie, l'assemblée invite son bureau à adresser une protestation au ministre, au directeur général des contributions directes et aux députés de la Charente, laquelle protestation sera communiquée à la Société d'agriculture de la Charente-Inférieure.

M. Adh. Sazerac de Forge revient sur la question des droits différentiels sur les eaux-de-vie expédiées en caisses ou en bouteilles et exprime l'espoir que l'Assemblée nationale, après avoir ratifié nos vœux si souvent exprimés de ramener les droits à la contenance réelle, reconnaîtra également le bien-fondé de nos réclamations en ce qui concerne le degré alcoométrique.

A trois heures précises, il est procédé au dépouillement du scrutin pour la nomination des membres du bureau. Le dépouillement donne les résultats suivants :

Votants.................. 58

Président : M. de Thiac, élu par........ 53 suffrages.

Vice-Présidents : | MM. Sazerac de Forge. 56 —
| Aug. Hennessy... 50 —

ecrétaire général : M. Clément Prieur. . 57 —

Secrétaire-archiviste : M. Baillarger...... 56 suffrages.

Trésorier : M. Déloc.................. 57   —

Rien n'étant plus à l'ordre du jour, la séance est levée à quatre heures.

Le Secrétaire général,

. Clément Prieur.

Angoulème, le 15 mars 1872.

A Monsieur le Ministre des Finances.

Monsieur le Ministre,

La loi votée le 28 février dernier, en vue de réprimer la fraude sur les spiritueux, a été très favorablement accueillie par la Société d'agriculture de la Charente, qui a vu dans ses dispositions principales le remède véritable au mal des envois fictifs, remède indiqué depuis longtemps par elle et bien autrement efficace que l'exercice des bouilleurs de crû, dont elle a signalé les graves et nombreux inconvénients.

Toutefois, l'application du troisième paragraphe de l'article 3, telle qu'elle est faite depuis quelques jours, détruit complétement cet effet favorable chez nos producteurs d'eau-de-vie, c'est-à-dire tous les propriétaires charentais, dont les intérêts se trouvent gravement atteints.

L'article 3 dispose que « les marchands en gros ne pour- « ront user du bénéfice de l'article 100 de la loi du 28 avril

« 1816, qui leur permet de *transvaser*, mélanger et couper
« leurs boissons, hors la présence des employés, que lors-
« que les boissons qu'ils auront reçues avec acquit-à-cau-
« tion auront été vérifiées par le service de la régie et
« reconnues entièrement conformes à l'expédition. »

Comme la régie est dans l'impossibilité matérielle de faire
vérifier toutes les expéditions d'eau-de-vie, les instructions
qui viennent d'être envoyées par la direction générale lui
réservent simplement un délai déterminé, pendant lequel
il lui est loisible de faire opérer la vérification, si elle le
juge opportun. A cet effet, il est prescrit au marchand en
gros de déclarer les boissons qui sont livrées dans ses magasins, et de s'abstenir de toute opération de transvasement
ou autre pendant *vingt-quatre heures*, dans les lieux où il
existe un poste d'employés, et partout ailleurs pendant
soixante-douze heures.

Cette mesure n'occasionne aucune gêne sensible au marchand en gros, qui est désintéressé dans notre réclamation,
mais le propriétaire vendeur est profondément lésé. Vous
le comprendrez facilement, monsieur le ministre, lorsque
vous connaîtrez les pratiques constantes et séculaires de
nos producteurs charentais.

Leur eau-de-vie est vendue *sans logement*, livrable par
eux *au domicile de l'acheteur*, et toujours payable *au comp-
tant*. Le vendeur charge, en conséquence, sa marchandise
le plus souvent sur sa propre charrette ; quelquefois il la
conduit lui-même, toujours il l'accompagne. Il part à une
heure plus ou moins matinale, suivant la distance. Aussitôt
qu'il est arrivé chez l'acheteur, le pesage et le mesurage ont
lieu *sous ses yeux*, l'eau-de-vie est payée, et le propriétaire
revient chez lui *le jour même avec ses fûts vides et son
argent*.

Avec les instructions nouvelles, cette pratique commode, économique, et qui offre toutes garanties au vendeur, est impossible. Au lieu de faire une absence de courte durée et un voyage exempt de tous frais, il est obligé de rester deux ou trois jours hors de chez lui, de s'installer avec chevaux et charrette dans une auberge, d'y dépenser une somme relativement élevée pour la valeur souvent minime de l'eau de-vie qu'il amène. C'est une sorte d'impôt de 2 ou 3 p. 0/0 peut-être, dont il se trouve grevé sans profit pour le Trésor.

En outre, qu'il se détermine à attendre le délai exigé, ou qu'il préfère retourner chez lui et effectuer un double voyage, il est toujours dans l'obligation de laisser sa marchandise abandonnée sans surveillance chez l'acheteur, *ce que nos campagnards ne font jamais*. Et cette considération n'est pas celle qui contribue le moins à l'émotion générale produite par la mesure contre laquelle nous réclamons.

Si un tel renversement de coutumes anciennes et justifiées pouvait avoir quelque effet sur la répression de la fraude, ce serait une compensation dont il ne resterait qu'à apprécier la mesure. Mais une vérification ainsi faite, ou pouvant être faite à domicile, sera toujours sans résultat, et nous redoutons précisément que, donnant à la régie une sécurité trompeuse, elle ne nuise à l'emploi des autres moyens de contrôle que la loi met à sa disposition.

Nous n'avons pas à répéter ici comment s'effectue la fraude des acquits fictifs. L'exposé des motifs de la loi du 28 février prouve que ces procédés sont connus de l'administration.

Nous n'avons jamais bien compris la difficulté de sa répression. Ce n'est pas une fraude locale. Les acquits fictifs sont généralement originaires d'un point éloigné du lieu de destination. La marchandise, si elle a été réellement expédiée, a dû voyager par un service public de transport, chemin de fer ou autre, et laisser des traces. Même avant la loi nouvelle, qui, avec raison, les rend obligatoires, les indications de lieux de passage, de mode de transport, etc., étaient communément insérées dans les acquits, et il était dès lors *évident* qu'un acquit produit par un destinataire, sans que la mention de plusieurs visas de route y fût apposée, dénotait par là même un envoi fictif.

Mais, en tous cas, nous appelons votre attention sur ce point, monsieur le ministre. Après comme avant la loi du 28 février, que l'expédition soit faite à longue ou à courte distance, pour que la régie soit certaine que la marchandise a voyagé avec l'acquit-à-caution, il est indispensable que la constatation de ce voyage simultané soit faite *avant l'arrivée dans les magasins du destinataire.*

A l'entrée des villes, elle se fera facilement et efficacement à la barrière. Elle s'y fait déjà, et il ne peut y avoir de ce côté aucune difficulté.

Dans les campagnes, la barrière n'existe pas; mais si les autres moyens de contrôle fournis par la loi paraissent insuffisants, ne pourrait-on pas en créer un, analogue à celui-ci, en obligeant le conducteur de la marchandise à passer devant la recette-buraliste du lieu de destination, où la marchandise serait vue et l'acquit revêtu d'un visa? Le petit allongement de parcours qui pourrait en résulter serait une gêne bien légère, comparée à celle qui vient d'être imposée à nos agriculteurs.

Cette constatation serait réelle, tandis que la vérification au domicile du destinataire sera toujours illusoire. Le fraudeur, quand il fera sa déclaration d'arrivée, sera toujours en règle. Aujourd'hui, comme avant la loi du 28 février, il ne la fera qu'après avoir reçu l'eau-de-vie qui doit lui tenir lieu de celle qui est portée sur l'acquit. La seule différence sera celle-ci : jusqu'ici il n'avait à représenter qu'une quantité déterminée d'alcool pur; désormais il lui faut présenter le nombre de fûts indiqués sur l'acquit et un liquide pesant le degré mentionné. Ce n'est pas là une difficulté : il se sera précautionné, tout sera parfaitement conforme.

La régie compterait-elle sur ses employés pour expertiser la nature de l'alcool et son identité avec celui qui est mentionné sur l'acquit? Nous croyons les employés bien peu aptes à une telle opération; mais le fussent-ils, ils seraient encore certainement trompés. Le fraudeur, s'il est censé recevoir des trois-six du Nord, leur montrera, non pas l'eau-de-vie de la Charente, qu'il vient de recevoir du propriétaire voisin, mais bien du trois-six préexistant dans son magasin.

La garantie n'est donc pas dans de tels moyens. Elle ne peut se trouver, nous le répétons encore en terminant, que dans les constatations qui seront faites *avant l'arrivée des spiritueux chez le destinataire.*

Vous le voyez, monsieur le ministre, nous ne désirons pas que l'administration amoindrisse ses moyens d'action. Tout au contraire, nous voulons qu'elle s'attache davantage à ceux qui sont réellement efficaces. Nous demandons seulement qu'elle modifie une prescription qui, sans aider à la répression de la fraude, que nous poursuivons comme elle et avec elle, porte une grave atteinte aux intérêts des agriculteurs honnêtes de notre département.

Nous n'avons pas besoin d'ajouter que des considérations d'une autre nature que celles que nous venons d'exposer commandent impérieusement de faire cesser parmi nos populations agricoles un mécontentement légitime en soi, et qui pourrait être exploité dans un intérêt différent de celui qui nous guide actuellement.

Veuillez agréer, monsieur le ministre, l'assurance de notre haute considération.

Le Vice-Président,

ADH. SAZERAC DE FORGE.

Délibéré et voté à l'unanimité dans la séance de la Société d'agriculture, sciences, arts et commerce de la Charente, du 15 mars 1872.

RAPPORT

SUR LE

CONCOURS D'ANIMAUX GRAS

D'ANGOULÊME

DU DIMANCHE 4 FÉVRIER 1872

MESSIEURS,

En reprenant la série de ses travaux, la Société d'agriculture n'a point eu la prétention de reconquérir de plainpied le terrain perdu à la suite des désastres qui se sont accumulés sur notre pays depuis son dernier concours.

Elle avait surtout en vue l'accomplissement d'un devoir. Ce n'est pas en contemplant ses ruines qu'on les répare, c'est en se remettant résolûment à l'œuvre de la reconstruction.

Lorsque notre bureau agita la question de savoir si un concours d'animaux gras de boucherie et de basse-cour serait organisé pour 1872, il ne fut pas déterminé par d'autre considération que celle-là. Il ne s'est fait aucune illusion, d'ailleurs, sur les conditions peu favorables à l'organisation d'un concours; la guerre et les dissensions civiles, la perturbation économique qui est la suite inévitable des

3

malheurs publics, la rareté des fourrages qui, dans les années précédentes, avait provoqué une diminution considérable du bétail, tout était de nature à légitimer nos appréhensions et les vôtres; et cependant vous n'avez pas hésité à donner suite au projet qui vous était soumis, parce que vous avez compris qu'il importait de reprendre au plus vite les traditions d'enseignement et d'encouragement au progrès que la Société poursuit depuis sa création avec des chances diverses de succès.

Hâtons-nous de le dire, les résultats de cette entreprise, que beaucoup qualifiaient de hardie, ont récompensé vos efforts. Votre appel a été entendu, de nombreux concurrents ont réclamé leur inscription dans cette lutte pacifique et féconde du travail intelligent, qui ne connaît de l'envie que le désir de mieux faire avec plus de profit.

Quelques exposants de l'espèce bovine ont fait parcourir à leurs animaux, à pied, de longues distances, ne reculant ainsi ni devant les fatigues inhérentes à un tel voyage pour de si piètres marcheurs, ni devant une dépense certaine pour une récompense aléatoire.

Nous ne craignons pas de le dire, dans cet empressement à se rendre à l'appel qui leur était fait, il y avait chez les exposants autre chose que l'appât pourtant si légitime d'une récompense, il y avait la foi en votre œuvre; il y avait la confiance qu'inspirent vos résolutions et vos jugements. On ne se soumet pas volontairement à l'arbitrage de gens dont on suspecte l'impartialité.

Dès la veille du concours, des mesures d'ordre avaient été prises pour assurer le libre accès des jurys dans l'enceinte de l'exposition et les travaux d'installation avaient été exécutés. La température, qui avait failli compromettre tout à fait le concours de 1870, se montrait cette fois

favorable; mais la leçon d'il y a deux ans ne fut point perdue, et pour le cas où l'atmosphère nous eût refusé l'appoint d'une belle journée, votre bureau s'était assuré
du vaste local de l'hippodrome du Champ-de-Foire pour
y abriter tous les animaux.

Les animaux des trois espèces bovine, ovine et porcine
comprenaient quatre-vingt-douze individus. C'est beaucoup moins qu'en 1870, mais c'est autant que l'on était en
droit d'espérer.

L'espèce bovine, représentée par quarante sujets des deux
sexes, comprenait des types remarquables dans toutes
les races représentées, mais particulièrement dans les races
limousine et de Salers. Nous ne voudrions pas répéter ce
que nous avons dit des caractères de ces races, de leurs
qualités particulières et des améliorations dont elles sont
susceptibles. Cependant nous ne saurions taire une impression commune, pensons-nous, à la plupart des jurés
chargés d'examiner l'espèce bovine; c'est la difficulté du
classement des animaux résultant de la diffusion des croisements. Pour la race de Salers, la tâche est plus facile, car
la stabilité du type, due autant à la rusticité de la race
qu'aux soins apportés à sa conservation, ses formes élevées
et la couleur de sa robe la font distinguer bien vite des
autres animaux de l'espèce; mais en présence de la race
limousine et ses croisements avec la race garonnaise, l'embarras grandit au point de suspendre parfois le jugement
des plus compétents. C'est là, évidemment, un effet de l'abus des croisements, et cet abus provient, à n'en pas douter, de l'ignorance de quelques éleveurs et de l'indifférence
du plus grand nombre sur le choix des animaux reproducteurs.

Vous aviez pris soin de dire dans votre programme que

« le poids des animaux ne serait pas la seule base des
appréciations des jurys, et que la confection de l'animal et
la régularité de ses formes seraient tenues en grande considération. » Nous n'aurons pas beaucoup de peine à prouver
que cette observation était aussi sage que prévoyante ; car ce
que vous voulez encourager, ce n'est point ce métier ruineux
qui consiste à bourrer de chair et de graisse une charpente
difforme et mal agencée, mais l'engraissement économique
d'animaux bien conformés, aux attaches fines et à la poi-
trine profonde. Il ne suffit pas d'engraisser, il faut engraisser économiquement. L'industrie qui ne procure pas de
bénéfice est une industrie perdue, et si l'on se plaint souvent
que celle de l'élevage est peu productive, nous croyons
pouvoir objecter que la mauvaise conformation des animaux est trop souvent aussi une cause d'insuccès.

Dans son discours du 4 février, notre honorable président a résumé en des termes que vous avez applaudis les
résultats pratiques du concours. Son travail abrégera le
nôtre, car ce qu'il vous a dit de nos bonnes races, je le
pense comme lui, et je ne puis que joindre ma voix à la
sienne lorsqu'il recommande le croisement des races anglaises de l'espèce porcine avec nos meilleures races indigènes. A ce point de vue, le progrès est déjà considérable.
Le porc au long poil hérissé, au dos de hyène et à la hure
de sanglier a presque disparu de nos marchés. Il a fait place
à cet animal trapu, aux formes arrondies, qui fait l'orgueil
de nos fermières ; à ce goinfre insatiable qui fait graisse de
tout, et ne développe de ses os que juste ce qu'il lui en faut
pour se mouvoir de son gîte à son baquet. Le bœuf commence par nous donner son travail et le mouton sa laine ;
nous ne demandons au porc que sa graisse et sa chair. Dès
lors, il est aisé de comprendre que les préférences de l'éle-

veur soient acquises aux races d'un développement précoce,
parce qu'elles parviennent à un engraissement plus complet
dans un temps déterminé. Les cantons de La Rochefoucauld
et de Montbron, dans l'arrondissement d'Angoulême, l'arrondissement de Confolens, fournissent concurremment
avec le grand marché de Piégut et quelques autres centres
moins importants les animaux de cette espèce qui s'engraissent et se consomment dans la Charente, dans la Charente-
Inférieure et dans la Gironde. Un éleveur de la Dordogne,
M. le marquis de Mallet, a obtenu des résultats considérables par l'introduction du sang anglais dans ses porcheries ;
l'influence de son élevage, sanctionné par la préférence du
commerce et de la charcuterie, s'exerce sur un vaste rayon
et gagne chaque jour du terrain sur les errements du passé.
Nous devons dire, à la gloire de notre contrée, que, dans
cette branche du progrès agricole, M. le marquis de Mallet
a eu son précurseur dans la Charente, car ses premiers animaux reproducteurs sont sortis de la porcherie de Puyréaux, à M. de Thiac, votre président.

L'espèce porcine était représentée par vingt-trois animaux très remarquables, dont le premier prix du poids de
300 kilogrammes.

L'espèce ovine était représentée par vingt-neuf sujets de
nos races indigènes, parmi lesquelles la race poitevine se
distingue par l'élégance de ses formes et son aptitude à la
graisse. On dispute encore sur la prédominance à accorder
à l'un ou l'autre des produits du précieux animal. Faut-il
élever le mouton pour sa laine ou pour sa viande ? Si l'on
dispute, c'est évidemment que l'on n'est pas d'accord, et de
ce défaut d'entente parmi les éleveurs il résulte un *statu
quo* persistant dans l'amélioration des races. Il faut dire
aussi qu'aucune espèce ne subit à un degré égal l'influence

du sol qui la nourrit et du climat au milieu duquel elle vit; et quand on considère un maigre troupeau des landes d'Ansac, on se demande ce que deviendrait dans ces pâturages un troupeau de nos fortes races de Saintonge et même du Poitou. Cependant la laine pousse sur ce corps chétif du mouton limousin plus fine et plus soyeuse que sur la forte corpulence du saintongeais. Mais où trouver chez le premier une compensation à la différence énorme de valeur qui le sépare du second en présence du boucher ? Ainsi, tandis que les moutons de nos contrées se vendent de 45 à 50 fr. la pièce, les petits moutons des contrées limitrophes du Limousin se vendent de 15 à 20 fr.

Sur ce point encore l'Angleterre nous a devancé; leurs races sont mieux conformées et plus précoces que les nôtres ; elles se distinguent toutes par leur prompt développement et par la facilité avec laquelle elles s'engraissent. Les races southdown et de la Charmoise se propagent dans le centre de la France, dans les plaines de la Champagne et dans la Bretagne; des croisements variés ont été entrepris avec succès ; et comme un progrès ne va jamais sans l'autre, à mesure que notre agriculture développera ses ressources fourragères, nous verrons toutes nos espèces d'animaux de consommation se perfectionner et s'améliorer, car le choix et l'abondance de la nourriture sont des conditions indispensables à un élevage progressif.

En thèse générale, le but que le cultivateur doit poursuivre, c'est, ainsi que nous l'avons déjà dit, d'obtenir dans un temps déterminé un poids de viande plus considérable. Or, c'est dans la culture des races précoces que résident tout à la fois l'avenir de l'industrie de l'élevage et le problème de la viande à bon marché.

Quelques lots de volailles de Houdan et de Blanzac ont

attiré l'attention des visiteurs. Cette partie de l'exposition, sous une apparence modeste, porte un grand enseignement. En effet, on ne considère jamais un groupe d'oiseaux de basse-cour de belle venue et en bon état de graisse et d'entretien sans que la pensée n'évoque la femme, la fermière intelligente qui lui a donné ses soins. On aime aussi à surprendre la main de la femme dans le labeur si compliqué de la direction d'une ferme. La basse-cour est trop près de la cuisine pour que celle qui dirige céans ne porte pas sa sollicitude vers ses hôtes ailés du dehors.

En résumé, Messieurs, le concours du 4 février 1872 est un succès, eu égard surtout aux circonstances au milieu desquelles il a été organisé. La publicité restreinte de notre programme à suffi pour attirer à Angoulême un grand nombre de marchands étrangers à notre département, qui ont donné aux transactions sur toutes les espèces une impulsion remarquable.

Il est utile de consigner ici un résultat considérable, bien bien fait pour vous encourager dans l'œuvre que vous avez entreprise, c'est que tous les bœufs exposés, tous, sans exception, ont trouvé sur place une vente facile et avantageuse. Quelques animaux ont changé de mains jusqu'à trois fois en laissant successivement un beau bénéfice à chaque vendeur. C'est là un gage de succès égal aux primes que vous distribuerez à l'avenir, car on viendra à vos concours avec l'espoir de vendre, sinon avec la certitude d'une récompense.

Le Secrétaire général,

Clément Prieur.

CONCOURS D'ANIMAUX

GRAS

DU DIMANCHE 4 FÉVRIER 1872

Un très beau temps a favorisé ce concours, et nous avons été heureux de constater la présence d'un très grand nombre d'éleveurs et d'engraisseurs.

L'espèce bovine et l'espèce porcine y ont été fort remarquées, et comme toujours, parmi les gallinacés, les races de Blanzac et de Barbezieux y ont tenu une place importante.

A trois heures, MM. les jurés se sont réunis à l'hôtel de ville, dans la salle des séances de la Société, où se trouvait une nombreuse assemblée.

M. de Thiac, président, a ouvert la séance et a dit que M. le préfet, président d'honneur, arrivé seulement depuis avant-hier, ne pouvait, à son grand regret, assister à la séance, mais que, de loin comme de près, ses sympathies étaient tout entières acquises à la Société d'agriculture et aux intérêts généraux qui s'y rattachent.

Puis M. le Président a lu le discours suivant, qui a été accueilli par les applaudissements unanimes de l'assemblée :

« Messieurs,

« Dans le courant du mois de février de l'année 1870, Angoulême a pu voir le premier concours d'animaux gras organisé par la Société d'agriculture de la Charente. Son succès était un encouragement à le continuer ; mais au mois de février de l'année 1871 la France était aux prises avec les plus lamentables événements de son histoire, on ne pouvait, on ne devait penser qu'à tout ce qui était de nature à concourir au salut de notre patrie.

« Si la Société ne fit pas de concours, elle ne put oublier que tous les jeunes agriculteurs de la Charente étaient aux armées sans souliers, sans pain et en proie à d'horribles souffrances, et ses ressources, elle les leur prodigua, sachant bien qu'elle répondait en cela à vos vœux, à vos cœurs et à votre patriotisme.

« Aujourd'hui, malgré les agitations qui troublent encore notre pays, il est permis d'espérer que la France, par son génie, par ses aptitudes industrielles, par ses habitudes laborieuses et par sa sagesse, ne tardera pas à se relever de ses pertes, de ses sacrifices, et un jour de ses défaites.

« Il faut donc ne plus gémir et chacun à le devoir de raviver virilement aujourd'hui toutes les branches du travail national. La Société d'agriculture de la Charente a voulu, dans une sphère modeste, apporter une pierre à l'édifice et aider à cette œuvre de régénération, si digne d'intérêt.

« Elle a donc annoncé pour aujourd'hui le deuxième concours d'animaux gras.

« Vous avez, Messieurs, vaillamment répondu à son appel.

« La Société d'agriculture, au nom de la Charente, vous salue et vous adresse ses plus vifs remerciements. Nous ne faisons, du reste, que devancer de pareils concours qui se tiendront chez nos voisins, l'un à Limoges, les 7 et 8 février courant, et l'autre à Bordeaux, les 22 et 23 mars prochain, et je dois vous les signaler.

« La Société, par l'exiguïté de ses ressources, a dû n'appliquer le concours qu'aux seuls éleveurs et engraisseurs de la Charente. Mais l'année prochaine, il faut l'espérer, elle reviendra à l'idée primitive du concours général, et ses prix seront plus élevés ; du reste, et pour l'y encourager, S. Exc. M. le ministre de l'agriculture vient, par décision du 26 janvier dernier, d'accorder à la Société une subvention de 1,200 fr. Je suis heureux de faire connaître ce fait à l'assemblée, et je me suis empressé d'en adresser au ministre tous nos témoignages de gratitude. Le ministre par cette subvention fait un acte de haute sollicitude ; il apprécie que tout ce qui peut intéresser l'alimentation publique a une grande importance, en un moment surtout où la peste bovine exerce de si grands ravages autour de Paris, dans Seine-et-Oise, dans l'Oise, dans l'Aisne, dans la Seine-Inférieure et dans d'autres départements, et chez nos voisins en Belgique.

« Jusqu'à ce jour, le département de la Charente n'a pas eu à souffrir de ce fléau.

« Puisse Dieu continuer à nous en préserver, mais que le cultivateur charentais ne s'endorme pas !

« A la première apparition du mal, et les symptômes sont décrits dans nos récentes *Annales*, qu'il prévienne l'autorité, que l'animal soit abattu sans hésitation, car c'est la peste, et le virus se répand avec une effrayante rapidité ; les personnes mêmes qui ont été en communication avec les lieux infectés apportent le fléau dans diverses directions.

« Nous vous demandons, Messieurs, de tenir grand compte

de cet avertissement, et dans vos foires comme dans vos étables de ne pas le négliger, car les animaux supects ou déjà malades porteront la contagion sur leur passage.

« En Belgique, la négligence d'un cultivateur de la commune d'Audenarde, qui avait caché à l'autorité l'existence de la maladie dans son étable, a occasionné le développement de ce fléau dans d'effrayantes proportions, au grand détriment de la fortune publique.

« Dans le numéro 1er des *Annales* de notre Société de l'année 1870, le compte-rendu de notre dernier concours contient une remarquable étude sur nos diverses races, due à la plume de notre honorable secrétaire général. Il serait opportun de la rappeler ici, mais je me borne à vous engager à la lire ; elle a le caractère d'une utilité pratique.

« Je disais, Messieurs, il y a deux ans, et je veux le répéter : « Nos bonnes races indigènes constituent un élément précieux de prospérité pour l'industrie de l'engraissement, que nos éleveurs ne doivent pas compromettre par d'imprudents croisements, et l'expérience faite il y a deux ans, après le concours de la Villette, par un comité compétent, sur la valeur nutritive des viandes de diverses races de l'espèce bovine, et spécialement entre les races de Salers et de Durham, a constaté que le bouillon résultant de la viande du salers donnait 10 0/0 d'osmazome (c'est-à-dire la couleur et le parfum), tandis que le durham n'en donnait pas de trace. »

« Le durham ne peut donc convenir à nos contrées, où notre sol est accidenté, notre culture exigeante, où il faut la force effective, la puissance de traction et la rusticité.

« La bête à cornes qui a travaillé quelques années est plus apte à l'engraissement et produit une meilleure viande ; mais dans l'engraissement il ne faut pas surexciter les parties volumineuses si le bœuf est mal conformé, car la graisse se répartit alors inégalement, tandis qu'un animal bien fait arrive plus facilement à la rotondité et sa viande est meilleure ; du reste, l'engraisseur ne doit pas perdre de vue le prix de revient, afin que, tous comptes réglés, il ne constate pas une perte. Un jour viendra où il ne suffira pas d'exposer de volumineux produits, il faudra présenter au concours le prix de revient de l'engraissement, et il arrivera parfois que de modestes éleveurs, tout en ne poussant la graisse que jusqu'à un certain degré, seront déclarés lauréats.

« Tout ceci est une question de mesure et de discernement, et nous avons constaté que de véritables progrès sous ce rapport se réalisent dans tous nos cantons, et particulièrement dans ceux de Montbron et de La Rochefoucauld, où l'industrie de l'engraissement est en très bonne voie.

« Généralement, dans nos contrées le taureau est déprécié. S'il est vieux, c'est justice ; mais s'il est jeune et âgé de moins de quatre ans, cette réprobation n'est pas justifiée. C'est au moins ce qu'a décidé un rapport de la commission de l'hygiène publique de Metz, en date du 6 mars 1866, rapporté dans les *Mercuriales* de l'académie de cette ville (années 1867 et 1868), sur la valeur alimentaire de la viande du jeune taureau âgé de moins de quatre ans. La commission conclut après épreuves que la viande du jeune taureau est agréable à manger et fournit un bouillon de bonne qualité.

« Ce que je dis du taureau peut s'appliquer également à la vache. Si elle est vieille, elle est dure et coriace, et on la désigne, dans un langage familier, comme *vache enragée ;* mais si elle est jeune, il ne faut pas méconnaître que, dans les conditions de l'histoire naturelle, la femelle est toujours plus tendre que le mâle, et dès lors elle fournit, à n'en pas douter, de bonne viande et de bon bouillon.

« La spéculation est appelée à rencontrer souvent de jeunes vaches, les unes parce qu'elles sont stériles, les autres parce qu'elles sont d'un accès difficile et dangereux, d'autres, enfin, par suite de détériorations dans leur conformation.

« Notre concours présente quelques types remarqués dans l'espèce porcine. Si pour l'espèce bovine les croisements avec les durhams doivent être repoussés, chez nous, du moins, nous ne saurions trop recommander les races anglaises pour transformer nos races indigènes et remplacer une ossature trop allongée et inutile par des parties graisseuses, but qu'il faut essentiellement poursuivre dans l'élevage du porc.

« Quant aux moutons, nos bergères s'entendent à merveille, dans le pays, pour les bien élever, et leur viande est fort appréciée.

« Peut-être pourrait-on parfois reprocher à nos bergères un défaut de surveillance, et tous les champs cultivés bordant les grandes routes paient tribut à leurs moutons.

« On a dit que le chien était l'ami de l'homme ; le chien de nos bergères l'est aussi du mouton. Ce n'est pas la propriété qu'il protége, mais bien le mouton, et vous avez dû remarquer souvent qu'il n'intervenait, au moment du délit, qu'à la vue du garde ou d'un passant ; il s'élance alors sur le mouton, il feint de le mordre, mais il ne le mord pas, et le mouton et le chien vont plus loin recommencer cette petite comédie, qui tourne parfois au drame lorsqu'un procès-verbal est dressé contre la bergère, et alors tous les bénéfices s'évanouissent ; c'est l'éternel enseignement du fabuliste dans *La Laitière et le Pot au lait*.

« Parmi les gallinacés, nous avons remarqué de précieux échantillons, et, comme toujours, brillaient au premier rang les races de Blanzac et de Barbezieux, qui, elles aussi, sont victimes des événements. Elles devaient désormais figurer nominativement dans les concours de Paris ; elles y songeaient avec orgueil. Mais qu'elles ne s'attristent pas trop cependant, elles figurent très dignement au chef-lieu de notre département ; elles viennent ainsi en aide à la décentralisation et se montrent ainsi progressives et patriotes, aussi bien qu'elles sont bonnes et tendres.

« Honneur donc aux races de Blanzac et de Barbezieux !

« Beaucoup, Messieurs, contestent l'utilité des concours. — Ils ne les jugent que superficiellement, sans jamais pénétrer au fond des choses, se refusant à voir ce qu'ils ont de sérieux.

« Où trouver, en effet, un plus vaste sujet d'études et d'observations ? Qui de vous, visitant le domaine de l'un de ces sceptiques, ne l'a vu montrer avec orgueil un instrument nouveau de la mécanique agricole ? Où l'a-t-il connu ? Où s'en est-il rendu compte ? Il est contraint de confesser que c'est aux expositions si variées des concours.

« Combien qui étaient indifférents pour l'exploitation de leurs domaines et qui doivent aux concours et à leurs enseignements de s'en occuper aujourd'hui avec fruit et utilité, et qui ont compris enfin que l'exploitation de leurs champs et de leurs domaines forme la plus douce, la plus utile et la plus noble des occupations ! »

Après cette lecture, M. Clément Prieur, secrétaire général, a fait l'appel des lauréats dans l'ordre suivant :

ESPÈCE BOVINE.

Race limousine.

Bœufs.

1er prix, 200 fr. et une médaille d'or de 100 fr., donnée par M. le comte de La Rochefoucauld, à M. Simon Barbier, de Vouzan.

2e prix, 150 fr., à M. Morinaud, à Chazelles.

3e prix *ex æquo*, 100 fr., à M. Léon Machenaud, aux Frauds, commune de Brie ; 100 fr. à M. le baron Desgraviers, à Mornac.

Vaches.

Prix d'encouragement, 50 fr., à M. le marquis d'Asnières, à La Barde de Saint-Même ; 20 fr. à François Gacoux.

Race salers.

Bœufs.

1er prix, 200 fr. et une médaille d'or de 100 fr., donnée par M. de Thiac, président, à M. Baptiste Grassin, de Cellefrouin, canton de Mansle.

2e prix, 150 fr., à M. Béguier, à Moussac, commune de Charmé ; 20 fr. à Pierre Cogulet.

Croisements divers.

Bœufs.

1er prix, 200 fr. et une médaille d'or, donnée par M. Adh. Sazerac de Forge, vice-président, à M. le baron Desgraviers, de Mornac.

2e prix, 100 fr., à M. Gautier, à La Barde, commune de Condéon.

3e prix, 75 fr., à M. Doyen, maire à Balzac ; 20 fr. à Andrieux Marionnaud.

Vaches.

Pas de 1er prix.

2e prix, 75 fr., à M. Victor Nadaud, de Churet, commune d'Anais.

Bandes de bœufs.

1er prix, 200 fr., donnés par la ville d'Angoulême, et une médaille d'or, donnée par la Société, à M. Léon Machenaud, déjà nommé ; 20 fr. à François Sardric.

Le jury a jugé convenable d'attribuer sur le montant des prix non appliqués 100 fr. ajoutés au 3e prix de la race limousine et 100 fr. à une seconde bande de bœufs..

Ce dernier prix de 100 fr. a été attribué à M. Simon Barbier, déjà nommé.

ESPÈCE OVINE.

1er prix, 100 fr., à M. Tiffron, propriétaire à Champniers, pour un lot de sept moutons.

2e prix, 75 fr., à M. Seguin, à Ruelle, pour un lot de cinq moutons.

3e prix, 50 fr., à M. Léon Machenaud, déjà nommé, pour un lot de six moutons ; 10 fr. à François Guillot.

ESPÈCE PORCINE.

1er prix, 75 fr., à M. Gourgues, à Sonneville ; 7 fr. 50 c. à Marguerite.

2e prix, 60 fr., à M. Chagnaud, demeurant au Perché, commune de L'Houmeau-Pontouvre.

3e prix, 40 fr., à M. Raymond Rouzier, aubergiste à La Bussatte d'Angoulême.

GALLINACÉS.

Race de Barbezieux.

Volailles.

1er prix, 40 fr., à M. Vouillat, à Saint-Yrieix ; 4 fr. à Mme Vouillat.

2e prix, 20 fr., à M. Valteau, à Saint-Yrieix.

Races françaises diverses.

1er prix, 20 fr., à M. Manem, à l'Épineuil de Saint-Yrieix, pour un lot de cinq volailles ; 2 fr. à Mlle Manem.

2e prix *ex æquo*, 10 fr. à M. Anatole Gautier, de Lignières ; 10 fr., à M. Chagnaud, au Perché, commune de L'Houmeau-Pontouvre.

Dindons.

1er prix, 20 fr., à M. Vouillat, à Saint-Yrieix ; 2 fr. à Mme Vouillat.

CULTURE DE LA TRUFFE

—

RAPPORT DE M. CONDAMY

M. Chatin, professeur de botanique à l'École de pharma-
cie de Paris, a publié récemment un volume fort intéressant
sur la truffe. Dans cette monographie, l'auteur, après de
nombreux renseignements pleins d'érudition sur son sujet,
traite de la culture de la truffe. A ce simple énoncé, plein
de hardiesse, on est porté à croire que l'écrivain cherche à
se distinguer par quelque idée neuve et originale. Loin de
là ; c'est un observateur consciencieux qui, pour s'entourer
de documents authentiques, n'a pas craint de parcourir une
grande partie de la France. Dans les contrées truffigènes, il a
questionné les propriétaires, les gros négociants, les petits
marchands ; il a visité les semis, examiné les différentes
natures de sol.

Il ne s'agit point ici d'une culture dans le sens ordinaire
du mot, c'est-à-dire semer au printemps et récolter en au-
tomne. On ne sème pas la truffe, on ne peut que provoquer
les circonstances qui la font apparaître. C'est une culture à
long terme, comme celle des arbres fruitiers, qu'il faut soi-
gner pendant plusieurs années avant d'obtenir un résultat.
Depuis de longues années, certains individus adroits savaient
la faire croître dans leur domaine, mais ils faisaient mys-

tère de leur procédé, aujourd'hui bien connu, et dont chacun peut faire son profit.

Les truffes se rencontrent dans le voisinage de plusieurs arbres d'espèces très différentes, tels que charmille, noyer, vigne, aubépine, lilas, noisetier, pin maritime et autres ; mais les plus noires, les plus parfumées sont celles qui croissent auprès des chênes, surtout le chêne-vert et le chêne-rouvre, ce dernier reconnaissable au court pédoncule de ses feuilles et de ses fruits.

Le sol qui paraît le plus propice à l'éclosion de ce tubercule est ordinairement un sol argilo-calcaire, peu profond, contenant un peu de sable, quelquefois du fer et très souvent des pierres brisées ou *groies*. Cette nature de terre est très répandue dans nos contrées.

Un terrain étant reconnu convenable, il semble tout naturel de penser qu'en y semant des graines provenant d'un arbre truffier on aura beaucoup de chances pour obtenir après quelques années des sujets jouissant du même mérite. Malheureusement l'expérience est longue à faire. Cependant c'est là tout le système pratiqué depuis longtemps, paraît-il, mais qui n'avait pas encore été présenté d'une façon aussi méthodique ni appuyé sur des preuves aussi nombreuses que dans le volume que nous avons cité.

Voici très succinctement les procédés dictés par l'expérience pour déterminer la formation des truffières :

Pendant l'hiver, apprêter le terrain en enlevant les vieilles souches et les grosses pierres ; faire un labour de quinze à vingt centimètres de profondeur pour détruire les herbes.

Au printemps, semer les glands truffiers, soit à la bêche, soit dans un sillon fait à la charrue.

Semer en lignes orientées du nord au sud pour faciliter l'insolation des intervalles.

Les glands doivent être semés à cinquante centimètres ou un mètre dans le rang, et les rangs espacés de quatre à six mètres et même davantage, selon la fertilité du sol ou la croissance probable des arbres.

Pendant les premières années on peut cultiver les inter-lignes en plantes annuelles.

A mesure que les jeunes arbres prennent de la force, on les éclaircit s'ils sont trop serrés.

Tous les ans donner un labour superficiel.

Au bout de six à huit ans les truffes commencent à se former, mais elles sont d'un petit volume ; leur grosseur augmente à mesure que l'arbre devient plus fort. A partir de ce moment on ne doit tailler ni rogner aucune branche, on doit également éviter d'attaquer les racines, soit par la pioche, soit par la charrue. Presque toujours une mutilation de l'arbre est suivie de l'appauvrissement ou de la dispari-tion de la truffière. C'est pour cette raison que l'on recom-mande de faire la récolte à l'aide d'un pieu de bois et non avec un instrument en fer, qui pourrait endommager les racines.

Cette méthode fort simple, pratiquée depuis longues an-nées en Provence, dans le Poitou, dans la Touraine, y donne des résultats superbes. On cite comme ayant servi d'exemple dans leurs contrées les exploitations de M. Rousseau, à Carpentras ; de M. Martin-Ravel, à Montagnac ; de M. de Mallet de Sorges, qui dans deux hectares de son parc a obtenu jusqu'à 2,000 fr. de revenu. Le docteur de la Tou-rette, à Richelieu, dit que dans le Loudunois les taillis truffiers rapportent en moyenne sept à huit cents francs par hectare. Sans se laisser illusionner par des résultats aussi avantageux, il est permis de croire que beaucoup de pro-priétaires charentais pourraient utiliser plus avantageusement certaines parcelles de terrains n'ayant donné jusqu'à ce jour qu'un faible rendement en bois de chauffage. D'après les renseignements statistiques fournis par notre collègue M. Moreau, il y a dans notre département soixante-neuf mille hectares de surface non cultivés, en y comprenant, il est vrai, chemins, rivières, maisons ; mais les chaumes en forment la plus grande partie. Sur cette quantité on peut estimer hardiment qu'un dixième au moins pourrait être ensemencé de glands. Si à cela on ajoute les portions de bois mal aménagés et ne donnant presque rien, on obtient une surface de dix à douze mille hectares qui, convenablement cultivée, pourrait doubler ou tripler de valeur.

Le plus grand inconvénient de ce genre de culture, c'est incontestablement le braconnage ; les droits du propriétaire sont presque illusoires, les maraudeurs seuls en ont les profits. Dans les contrées truffières, les possesseurs d'héritages ont tourné la difficulté en vendant la récolte sur pied à des industriels, de la même manière que l'on cède une coupe de pré ou une exploitation de bois. L'acheteur, qui souvent est un maraudeur de profession, ne craint pas sa peine pour faire, soit de nuit, soit de jour, une surveillance active contre les empiétements de ses confrères.

On estime que le commerce des truffes en France se chiffre par un total de quinze millions de francs environ, à raison de dix francs par kilogramme. Sur cette somme, notre département est coté pour quatre cent mille francs. Puisque sans peine, sans soins et malgré les moyens barbares employés pour la récolte notre pays donne un tel résultat, on peut donc estimer à une très grosse somme le produit de cette culture si elle était pratiquée avec intelligence et convenablement surveillée.

Nous n'avons point à faire ici un traité complet sur ce

sujet ; nous désirons seulement attirer l'attention des agriculteurs intelligents, de ceux qui se sentent capables d'embrasser une idée neuve et lucrative. En agriculture, nous le savons, les idées nouvelles doivent être acceptées avec beaucoup de circonspection. Mais ici il n'est pas question de dépenses ruineuses ; il faut seulement bien choisir les graines, mettre un certain ordre dans l'arrangement des arbres, les disposer en lignes au lieu de les laisser croître au hasard. Pour plus amples renseignements, nous engageons à consulter le livre du maître, on y trouvera toutes les indications nécessaires (1).

De tout temps les savants, les philosophes et les gourmets ont beaucoup disserté sur la nature de la truffe. On a fait des suppositions absurdes, des théories hasardées, des systèmes de tous genres ; faute de mieux, on a créé des mots très scientifiques qui n'ont rien prouvé. Les uns ont attribué la truffe à une exsudation de la sève des arbres par les racines, les autres l'ont prise pour une galle produite par la piqûre d'un insecte ; ceux-ci disent que c'est un parasite comme les orobanches, ceux-là n'y voient qu'un champignon voisin du cèpe ou de l'oronge ; pour les autres, c'est une maladie des arbres transmissible par la génération, comme certaines affections héréditaires chez les animaux. La conclusion est que personne n'est encore muni d'une somme de vérités suffisantes pour présenter une théorie acceptable. On pourrait dire seulement que c'est un végétal sociable ; il ne saurait vivre seul, il lui faut un être plus fort que lui pour le protéger. Laissons aux savants de profession le soin d'éclairer l'histoire de ce précieux condiment en nous dévoilant le mystère qui couvre sa naissance. Pour les

______

(1) *De la truffe*, par Chatin. Chez Bouchard-Huzard, Paris. 3 fr.

agriculteurs, la question principale est d'augmenter leur revenu ; pour plusieurs d'entre eux, le moyen est trouvé ; ils doivent le mettre à profit en cultivant une denrée qui est toujours recherchée et toujours vendue fort cher.

SITUATION FINANCIÈRE

DE LA

SOCIÉTÉ D'AGRICULTURE DE LA CHARENTE

AU 31 DÉCEMBRE 1871

M. Rogée, au nom de la commission des finances, a donné lecture, dans la séance du 15 février 1872, de son rapport sur la situation financière de la Société au 31 décembre 1871.

« Nous devons nous féliciter, dit M. le rapporteur, qu'à la suite de la crise financière qui a mis tous les intérêts en question, notre situation se solde en faveur de la Société par *quatre mille sept cent quatre francs en espèces*, à laquelle somme il convient d'ajouter celle de 445 fr. pour médailles de différents modules qui ont été remises à M. le Président. Si nous additionnons à ce produit les annuités arriérées au 1er janvier 1872, qui sont portées sur les notes de M. le trésorier pour une somme éventuelle de 3,500 fr., nous arrivons à un total de 8,649 fr.

« La Société peut donc compter sur une balance en chiffres ronds de 8,000 fr., en tenant compte des difficultés de faire rentrer les annuités trop arriérées ou irrécouvrables, qui peuvent être évaluées à 649 fr. La commission pense

que la Société pourra décider que cette balance de 8,000 fr.
pourrait, jusqu'à nouvel ordre, être productive d'intérêts. »

La commission exprime le vœu qu'il soit statué sur la
pépinière de Clergon, aujourd'hui abandonnée par suite des
dévastations commises par les militaires qui ont campé sur
les chaumes de Crage ; elle manifeste également le désir de
voir viser, mandater ou approuver tous les mémoires et
toutes les dépenses, si minimes qu'elles soient, par le président ou par un des vice-présidents. Ces formalités faci-
litent le travail des commissions de finances et importent
au plus haut point à la régularité de comptes.

« En définitive, dit M. le rapporteur, la Société se trouve
placée dans d'excellentes conditions, et, sous le bénéfice des
observations qui précèdent, la commission vous propose
d'approuver les comptes, du reste très réguliers, de M. le
trésorier. »

COMPTES DE L'ANNÉE 1870.

Recettes.

En caisse au 31 décembre 1869...............	595 f.	35 c.
Reliquat des sommes encaissées pour le portrait		
de M. Gellibert...........................	294	»
Subvention accordée par le ministère..........	2,000	»
— par la ville d'Angoulême..	1,000	»
— par le département........	300	»
— par M. Laroche-Joubert, député...............	150	»
— par M. de Thiac, président de la Société...........	100	»
— par M. Chasseignac, vice-président...............	100	»
— par M. Adhémar Sazerac de Forge, vice-président....	100	»
A reporter..........	4,639	35

Report............	4,639 f. 35 c.
Médaille d'or de la Société d'encouragement....	100 »
Arrérages de la rente 3 0/0.................	93 »
Subvention accordée par M. le comte de La Rochefoucauld...........................	100 »
Annuités de 1870..........................	2,730 »
Annuités arriérées........................	1,100 »
TOTAL des recettes............	8,762 35

Dépenses.

Les dépenses de toute nature, au nombre desquelles il faut placer en première ligne celle de 1,100 fr. pour les blessés de nos armées et celle de 2,575 fr. pour le concours d'animaux gras, s'élevant à la somme de 6,082 fr. 60 c., ci. 6,082 60

Il reste net en caisse, au 31 décembre 1870, une somme de............................... 2,679 75

Laquelle somme formera le chapitre Ier des recettes au compte de gestion de l'année 1871.

COMPTES DE L'ANNÉE 1871.

Recettes.

En caisse au 31 décembre 1870................	2,679 f. 75 c.
Arrérages de la rente 3 0/0.................	93 »
Report des appointements du secrétaire adjoint.	100 »
Annuités de l'année 1871.............	2,110 »
— arriérées......................	220 »
TOTAL............	5,202 75

MÉDAILLES.

3 grandes médailles d'or, à 90 fr. l'une............	270 f.
1 petite médaille d'or, à 55 fr....................	55
1 grande médaille de vermeil, à 21 fr.............	21
2 petites médailles de vermeil, à 17 fr. l'une.......	34
13 médailles de bronze, à 5 fr. l'une...............	65
TOTAL...............	445

ANNUITÉS ARRIÉRÉES.

1869................................	2 f.
1870................................	135
1871................................	213

350 f.

Dépenses.

Note et appointements du secrétaire adjoint......	284 f. 60 c.
Payé à MM. Lamarque et Casterets.............	120 »
Payé à M. Valladon...........................	72 »
Par M. le Trésorier, pour envoi de livres........	5 30
Pour affranchissement de lettres et circulaires....	16 80
TOTAL...............	498 70

BALANCE.

Recettes.....................	5,202 f. 75 c.
Dépenses.....................	498 70
Net en caisse.....	4,704 05
Annuités à recouvrer.........	3,500 »
Médailles	445 »

8,649 f. 05 c.

MERCURIALE. — JANVIER 1872.

*État du prix moyen des Grains, autres Denrées et Comestibles, dans les principaux Marchés du département de la Charente, pendant la deuxième quinzaine du mois de **Janvier**.*

Prix exprimés en « f. c. » (francs, centimes); les colonnes *Pain blanc* et *Pain bis* sont en centimes.

NOMS des COMMUNES	PRIX DE L'HECTOLITRE de							PRIX du k. de		PRIX du kilogramme de					PRIX du quintal métrique de	
	Froment	Méteil	Seigle	Orge	Maïs	Avoine	Haricots	Pain blanc	Pain bis	Bœuf	Vache	Veau	Mouton	Cochon	Foin	Paille
Angoulême	28 14	21 30	17 52	0 0	11 96	10 47	38 38	48	39	1 60	1 30	2 0	2 0	1 80	12 0	12 0
La Rochefoucauld	28 51	17 38	17 21	10 98	10 92	9 66	0 0	50	41	1 60	1 50	1 80	1 60	1 50	8 75	8 70
Rouillac	26 99	0 0	0 0	14 53	10 99	9 19	21 17	50	42	1 80	1 50	2 0	2 0	1 80	0 0	0 0
Aubeterre	0 0	0 0	0 0	0 0	0 0	0 0	0 0	50	40	1 20	1 20	1 20	1 80	1 60	0 0	0 0
Baignes	30 22	0 0	0 0	0 0	12 0	11 0	0 0	50	40	1 50	1 50	1 60	1 70	1 80	11 0	8 0
Barbezieux	25 43	0 0	0 0	0 0	13 50	10 75	0 0	44	40	1 60	0 0	1 80	1 70	1 80	12 0	8 0
Chalais	26 29	0 0	0 0	0 0	15 50	11 0	0 0	44	36	1 40	0 0	1 60	1 80	1 60	0 0	0 0
Châteauneuf	30 89	0 0	0 0	0 0	12 0	10 0	0 0	48	41	2 0	1 50	2 0	2 0	2 0	14 0	12 0
Cognac	27 93	0 0	0 0	0 0	12 0	10 50	0 0	47	41	2 0	1 50	2 0	2 0	2 0	14 0	12 0
Jarnac	0 0	0 0	0 0	0 0	0 0	0 0	0 0	47	41	2 0	1 50	2 0	2 0	2 0	14 0	12 0
Chabanais	27 50	19 0	17 50	0 0	12 0	11 0	28 0	48	38	0 0	1 50	1 50	1 40	1 40	6 0	7 0
Confolens	0 0	0 0	0 0	0 0	0 0	0 0	0 0	47	37	1 50	1 50	1 50	1 50	1 50	0 0	0 0
Saint-Claud	26 83	19 0	17 16	10 84	0 0	8 68	0 0	50	40	1 70	1 60	1 80	1 70	1 70	0 0	0 0
Aigre	28 80	0 0	17 50	0 0	9 12	10 80	0 0	45	39	1 60	0 0	1 80	1 70	1 90	12 0	11 0
Mansle	28 91	0 0	0 0	11 0	10 50	10 0	0 0	45	39	1 60	1 60	1 80	1 70	1 90	11 0	10 0
Ruffec	28 0	0 0	17 0	10 0	1 0	9 0	0 0	45	39	1 60	0 0	1 80	1 70	1 90	11 0	10 0

MERCURIALE. — FEVRIER 1872.

Etat du prix moyen des Grains, autres Denrées et Comestibles, dans les principaux Marchés du département de la Charente, pendant la deuxième quinzaine du mois de Février.

NOMS des COMMUNES.	PRIX DE L'HECTOLITRE de							PRIX du k. de		PRIX du kilogramme de					PRIX DU QUINTAL métrique de	
	Froment.	Méteil.	Seigle.	Orge.	Maïs.	Avoine.	Haricots.	Pain blanc.	Pain bis.	Bœuf.	Vache.	Veau.	Mouton.	Cochon.	Foin.	Paille.
	f. c.	fr. c.	f. c.	f. c.	f. c.	f. c.	f. c.	c.	c.	f. c.	f. c.	f. c.	f. c.	f. c.	f. c.	f. c.
Angoulême	27 85	18 81	17 19	0 0	11 50	10 32	34 24	47	38	1 40	1 10	1 95	1 95	1 75	11 0	11 0
La Rochefoucauld	27 27	15 35	16 06	10 52	10 19	10 50	0 0	49	40	1 60	1 50	1 80	1 60	1 50	7 95	6 80
Rouillac	29 25	0 0	0 0	11 53	9 77	8 80	0 0	50	42	1 80	1 50	2 0	2 0	1 80	0 0	0 0
Aubeterre	0 0	0 0	0 0	0 0	0 0	0 0	0 0	50	40	1 42	1 35	1 70	1 77	1 70	0 0	0 0
Baignes	30 0	0 0	0 0	0 0	11 0	11 0	0 0	50	40	1 50	1 50	1 60	1 80	1 80	10 0	8 0
Barbezieux	28 50	0 0	0 0	0 0	13 25	10 75	0 0	48	40	1 60	0 0	1 80	1 70	1 80	12 0	8 0
Chalais	27 0	0 0	0 0	0 0	15 50	11 0	0 0	42	34	1 40	0 0	1 60	1 80	1 60	0 0	0 0
Châteauneuf	31 0	0 0	0 0	0 0	13 0	11 0	0 0	47	40	2 0	1 50	2 0	2 0	2 0	13 0	11 0
Cognac	29 24	0 0	0 0	0 0	12 0	10 50	0 0	47	41	2 0	1 50	2 0	2 0	2 0	13 0	11 0
Jarnac	0 0	0 0	0 0	0 0	0 0	0 0	0 0	47	41	2 0	1 50	2 0	2 0	2 0	13 0	11 0
Chabanais	26 0	18 0	17 0	0 0	12 0	10 0	28 0	48	38	0 0	1 50	1 50	1 60	1 40	6 0	7 0
Confolens	0 0	0 0	0 0	0 0	0 0	0 0	0 0	47	37	1 50	1 50	1 50	1 50	1 50	0 0	0 0
Saint-Claud	26 83	13 0	17 16	10 0	10 0	8 22	0 0	50	40	1 70	1 60	1 80	1 80	1 60	0 0	0 0
Aigre	25 06	0 0	0 0	10 30	9 69	8 16	0 0	50	40	0 0	0 0	0 0	0 0	0 0	10 0	10 0
Mansle	26 0	0 0	0 0	10 0	10 50	9 0	0 0	44	39	0 0	0 0	0 0	0 0	0 0	9 0	9 0
Ruffec	27 50	0 0	17 0	9 0	11 0	9 0	0 0	43	37	1 60	1 60	1 60	1 90	1 70	0 0	0 0

MERCURIALE. — MARS 1872.

État du prix moyen des Grains, autres Denrées et Comestibles, dans les principaux Marchés du département de la Charente, pendant la deuxième quinzaine du mois de Mars.

NOMS des COMMUNES.	PRIX DE L'HECTOLITRE de							PRIX du k. de		PRIX du kilogramme de					PRIX DU QUINTAL métrique de	
	Froment.	Méteil.	Seigle.	Orge.	Maïs.	Avoine.	Haricots.	Pain blanc.	Pain bis.	Bœuf.	Vache.	Veau.	Mouton.	Cochon.	Foin.	Paille.
	f. c.	fr. c	f. c.	f. c.	f. c.	f. c.	f. c.	c.	c.	f. c	f. c.	f. c.	f. c.	f. c.	f. c.	f. c.
Angoulême	25 99	17 62	14 86	0 0	11 07	9 84	31 02	45	37	1 40	1 10	1 90	1 90	1 50	11 0	11 0
La Rochefoucauld	0 0	0 0	0 0	0 0	0 0	0 0	0 0	47	38	1 60	1 50	1 80	1 60	1 40	0 0	0 0
Rouillac	24 46	14 18	0 0	10 33	9 74	8 31	0 0	48	40	1 80	1 50	2 0	2 0	1 60	9 50	10 0
Aubeterre	0 0	0 0	0 0	0 0	0 0	0 0	0 0	48	38	1 20	1 20	1 60	1 80	1 60	0 0	0 0
Baignes	29 0	0 0	0 0	0 0	11 0	11 0	0 0	50	40	1 50	1 50	1 60	1 80	1 80	10 0	8 0
Barbezieux	27 50	0 0	0 0	0 0	10 50	10 50	0 0	48	40	1 50	0 0	1 80	1 70	1 80	12 0	8 0
Chalais	25 50	0 0	0 0	0 0	15 0	10 50	0 0	42	34	1 40	0 0	1 60	1 80	1 60	0 0	0 0
Châteauneuf	27 0	0 0	0 0	0 0	12 0	10 0	0 0	45	38	2 0	1 50	2 0	2 0	2 0	11 0	10 0
Cognac	26 50	14 50	0 0	0 0	12 0	10 0	0 0	43	37	2 0	1 50	2 0	2 0	2 0	11 0	10 0
Jarnac	0 0	0 0	0 0	0 0	0 0	0 0	0 0	43	37	2 0	1 50	2 0	2 0	2 0	11 0	10 0
Chabanais	25 0	18 0	16 0	0 0	12 0	9 50	26 0	48	38	0 0	1 50	1 50	1 60	1 40	6 0	7 0
Confolens	0 0	0 0	0 0	0 0	0 0	0 0	0 0	47	37	1 50	1 50	1 50	1 50	1 50	0 0	0 0
Saint-Claud	23 0	13 0	15 0	10 0	9 50	8 22	0 0	40	38	1 70	1 60	1 80	1 80	1 60	0 0	0 0
Aigre	75 19	0 0	0 0	9 27	9 18	8 16	0 0	45	38	0 0	0 0	0 0	0 0	0 0	8 0	7 0
Mansle	24 30	0 0	0 0	9 0	10 0	8 25	0 0	42	37	0 0	0 0	0 0	0 0	0 0	8 0	8 0
Ruffec	27 0	0 0	0 0	8 50	10 50	8 25	0 0	42	36	0 0	0 0	0 0	0 0	0 0	0 0	0 0

EXTRAIT
DES PROCÈS-VERBAUX

DES SÉANCES

DE LA SOCIÉTÉ D'AGRICULTURE

SCIENCES, ARTS ET COMMERCE DU DÉPARTEMENT DE LA CHARENTE

SÉANCE DU 15 MAI 1872.

—

PRÉSIDENCE DE M. DE THIAC,

PRÉSIDENT.

La séance est ouverte à midi.

Le procès-verbal est lu et adopté.

M. le Président dépose sur le bureau le troisième et le quatrième volume de l'enquête agricole, adressés à la Société par M. le ministre de l'agriculture.

M. le Président donne connaissance à l'assemblée d'une liste de deux membres proposés pour faire partie de la Société : M. Lavaud (Edmond), receveur de l'enregistrement à Chalais, présenté par M. le Président et par M. Lajeunie ; M. Antoine Lavaud, cultivateur, marchand de bois à Lascoux, commune de Cellefrouin, présenté par M. le Président et par le Secrétaire général.

Il est ensuite procédé à l'élection de M. Sem, fabricant de papiers à Bourisson, et de M. Rouyer, instituteur à La

Tàche. Ces messieurs ayant obtenu la majorité des suffrages sont proclamés membres titulaires de la Société.

M. le Président donne lecture d'un rapport sur la situation économique du pays et sur diverses questions d'intérêt public sur lesquelles il appelle les délibérations de la Société. Ce travail, qui contient des observations très remarquab'es et des indications utiles, est écouté avec une attention soutenue. L'assemblée est ensuite appelée à se prononcer sur les conclusions du rapport dans l'ordre suivant :

1o Visant les vœux économiques émis par le conseil général et relatés dans le rapport, l'assemblée, à l'unanimité, émet un avis conforme à celui de notre première assemblée départementale (1).

2o Sur la peste bovine :

Un débat s'engage sur les causes de la maladie et sur les conséquences de la loi relative à cet objet. M. Georgeon s'élève contre le système trop absolu de l'abattage, qui livre à l'arbitraire les intérêts du propriétaire.

M. Dufresse de Chassaigne critique l'opinion de M. Boulay et signale un procédé préservatif, dù à M. Déclain, qui mériterait d'être poursuivi et encouragé ; ce procédé consiste dans l'emploi de l'acide phénique administré aux animaux malades ou menacés de contagion.

M. le Président répond que la loi a sans doute des sévérités qui expliquent les critiques des préopinants, mais que, telle quelle, elle doit être obéie en attendant des conditions meilleures. Quant au procédé indiqué par M. Dufresse de Chassaigne, quoique convaincu que ce procédé a dû parvenir déjà à la connaissance de qui de droit, il sera transmis

____

(1) Voir le rapport de M. de Thiac, président, page 70 de ce numéro des *Annales*.

par ses soins au ministre compétent et à **M.** le président de l'Institut de France.

3° Sur les concours d'animaux gras :

M. Georgeon fait remarquer qu'il serait temps de rompre avec la tradition qui consiste à demander des subventions à l'État. Il serait plus digne de ne devoir rien qu'à soi-même, de manière à conserver toute sa liberté dans la direction des intérêts que l'on veut servir.

M. Machenaud opine dans le même sens.

M. le Président reconnaît qu'il serait désirable que la Société pût se subvenir à elle-même ; mais le moment n'est pas encore venu de dédaigner les ressources si utiles mises à sa disposition par le département et par l'État. Il croit devoir ajouter que les conditions mises à ces secours ne sont aucunement restrictives de l'indépendance de la Société.

4° Sur le monument à élever à la mémoire de **M.** Jules Guyot :

M. le Président propose à l'assemblée de consacrer une somme de 50 fr. à cette œuvre. Cette proposition est adoptée.

5° Sur la culture du tabac :

A la suite des observations de **M.** le Président, l'assemblée invite le bureau à faire toutes les démarches nécessaires pour obtenir du ministre l'introduction dans la Charente de la culture du tabac.

Rien n'étant plus à l'ordre du jour, la séance est levée à une heure et demie.

Le Secrétaire général,
CLÉMENT PRIEUR.

SÉANCE DU 15 JUIN 1872.

PRÉSIDENCE DE M. DE THIAC,

PRÉSIDENT.

La séance est ouverte à onze heures et demie.

Le procès-verbal est lu et adopté.

M. le Président dépose sur le bureau une collection de tableaux représentant des spécimens très remarquables d'animaux des espèces bovine, ovine et porcine. Ces tableaux, dont on trouvera la nomenclature dans le présent bulletin, sont destinés à prendre place, dans la salle des séances, à côté de ceux dont M. le Président a déjà fait don à la Société.

La parole est donnée à M. Adh. Sazerac de Forge, vice-président, pour rendre compte du résultat des démarches auxquelles cet honorable membre s'est livré relativement aux difficultés qui résultaient, pour la propriété, de l'application de la loi du 28 février sur le commerce des eaux-de-vie. M. Sazerac de Forge rappelle les prescriptions de l'article 3 de la loi précitée et en signale les nombreux inconvénients ; il résume en quelques mots l'état de la question au 15 mars, époque où l'assemblée l'invita à faire en son nom toutes les démarches qui lui sembleraient nécessaires pour améliorer les conditions faites aux propriétaires livreurs, et termine en annonçant à l'assemblée qu'elle a reçu satisfaction sur un point considérable. Ainsi, les propriétaires ne seront plus astreints au délai réclamé par la régie pour la vérification des marchandises ; ils seront affranchis des obligations de l'article 3 et pourront, à l'avenir, conduire leurs eaux-de-vie chez le marchand en gros, les dépoter et repartir sans autres obligations que précédemment.

Cependant cette atténuation des sévérités de la nouvelle loi étant spécialement accordée aux propriétaires livrant au commerce, M. Sazerac de Forge propose à l'assemblée d'insister pour obtenir une satisfaction plus complète par l'extension de cette mesure libérale aux marchands en gros livrant aux marchands en gros, toutes les fois qu'il y aura possibilité de vérification immédiate, comme par exemple dans les localités où il se trouve des préposés de l'octroi.

M. le Président remercie M. Sazerac de Forge, au nom de l'assemblée, pour l'activité qu'il a déployée dans l'accomplissement de la mission dont la Société l'avait investi.

M. le Président donne ensuite lecture d'un rapport sur l'état actuel de l'agriculture et sur les faits économiques qui se sont produits depuis la réunion de la Société. Cette lecture est écoutée avec un très vif intérêt, et l'assemblée vote l'insertion du rapport dans les *Annales* de la Société.

Rien n'étant plus à l'ordre du jour, la séance est levée à une heure et demie après midi.

Le Secrétaire général,
CLÉMENT PRIEUR.

GRAVURES COLORIÉES

PUBLIÉES

PAR LE *JOURNAL D'AGRICULTURE PRATIQUE*

ET OFFERTES LE 15 JUIN 1872 A LA SOCIÉTÉ D'AGRICULTURE, SCIENCES, ARTS
ET COMMERCE DE LA CHARENTE

PAR M. EUG. DE THIAC

Son Président

———+—◆—+———

ANIMAUX GRAS PRÉSENTÉS AU CONCOURS DE POISSY.

Bœufs.

1° Bœuf durham, présenté par M. Tiersonnier, de Gimouille (Nièvre).

Prix d'honneur du concours de Poissy, 1866.

2° Vache durham, présentée par M. de Béhague.

Prix d'honneur de Poissy, 1865.

3° Bœuf charolais, présenté par M. Suif, à Chalny (Nièvre).

Primé au concours de Poissy, en 1866.

4° Bœuf durham-charolais, présenté par M. Tiersonnier.

Prix d'honneur du concours de Poissy, en 1864.

5° Vache noire sans cornes de la race de Gallowoy.

Premier prix du concours, 1862.

6° Bœufs d'Algérie et bœufs tunisiens, présentés par

MM. Foacier, de Ruzé et Samson, éleveurs au Kroub, province de Constantine (Algérie), et primés au concours de Poissy, en 1865.

Moutons.

Lot de moutons south-down, exposés par M. le comte de Bouillé.

Prix d'honneur au concours de Poissy, en 1865.

Bélier et brebis de race suisse du troupeau de M. Loquin, de la ferme-école de Lahayevaux (Vosges).

Moutons algériens, présentés au concours de Poissy, en 1865, par MM. Foacier, de Ruzé et Samson.

Porcs.

Porc anglais-français, présenté par M. Lacour Lebaillif, éleveur, de Saint-Fargeau (Yonne).

Prix d'honneur du concours de Poissy, en 1865.

Porcs des îles Baléares.

ANIMAUX REPRODUCTEURS PRÉSENTÉS DANS LES CONCOURS RÉGIONAUX.

Taureau durham, appartenant à M. Hamot, à Charmont (Seine-et-Oise).

Premier prix du concours régional de Versailles, en 1865.

Taureau de race femelière, présenté au concours régional de Vesoul, en 1863.

Vache normande, appartenant à M. Gilbert, de Videville (Seine-et-Oise).

Premier prix du concours régional de Versailles, 1865.

Verrat de race berkshire, appartenant à M. Maisonhaute.

Premier prix au concours régional d'Évreux, en 1864.

RAPPORT

DE

M. LE PRÉSIDENT DE LA SOCIÉTÉ D'AGRICULTURE

DE LA CHARENTE

A LA SÉANCE DU 15 MAI 1872

MESSIEURS,

Contre notre gré, la Société n'a pu tenir séance le 15 avril dernier. Ce jour-là même s'ouvrait la deuxième session du conseil général du département.

Mais notre pensée était avec vous et aux intérêts que vous avez mission de protéger et de développer.

En effet, notre vice-président, l'honorable M. Adhémar Sazerac de Forge, présentait au conseil général un vœu ayant pour effet « que, dans les négociations entamées avec « l'Angleterre, le gouvernement et l'Assemblée nationale « assurent à nos eaux-de-vie françaises le maintien du « traitement favorable que leur accordait le traité qui vient « d'être dénoncé. »

M. André, député, l'un des membres éminents de notre Société, a demandé aussi, de son côté, d'exprimer le vœu « que les principes qui ont inspiré le traité de commerce de « 1860 continuent de prévaloir dans la législation commer- « ciale, douanière et internationale du pays. »

Enfin, moi-même, au sujet des transports si défectueux de nos vins et eaux-de-vie, j'ai exprimé le vœu que la compagnie d'Orléans fût invitée :

1° A faire cesser complétement l'encombrement des marchandises dans les gares ;

2° A construire des hangars couverts, afin de mettre à l'abri les vins, qu'on sait être une matière susceptible et délicate ;

3° D'organiser un service de voitures spéciales pour les vins et les eaux-de-vie.

Jusqu'à la construction des chemins de fer, nos productions étaient localisées et ne se transportaient qu'à l'aide de nos seuls moyens de transport ; mais d'immenses débouchés ont été ouverts à nos produits par les transports des voies ferrées et par la liberté commerciale, et il semble que cet avenir n'ait pas été entrevu, car partout les gares sont insuffisantes, les abris n'existent pas, et on paraîtrait penser, en réalité, que les vins et les eaux-de-vie, qui jouent dans nos contrées un rôle si important, ne mériteraient aucuns soins et pourraient être impunément livrés à tous les hasards.

Les vœux ci-dessus ont été acceptés unanimement par le conseil général et recommandés aux sollicitudes de la députation de la Charente.

Nous vous demandons, Messieurs, de renouveler énergiquement ces vœux, dont vous appréciez toute l'importance.

Je veux, Messieurs, vous parler d'autres faits sur lesquels il importe d'appeler dès à présent votre attention.

PESTE BOVINE.

Le typhus et ses ravages se maintiennent malheureusement encore.

D'après le relevé officiel des cas de peste bovine qui se sont produits du 11 au 30 avril dernier, il y aurait eu dans les départements du Nord, de la Somme et de Meurthe-et-Moselle, 14 communes infectées, 85 animaux abattus comme malades, 176 abattus comme suspects et 86 enfouis.

Des mesures vigoureuses sont prises par l'administration pour éviter le développement de ce fléau si funeste, et le ministre de l'agriculture a annoncé à l'Assemblée qu'il espérait que l'épizootie aurait cessé dans quelques semaines.

Jusqu'à ce jour, notre département paraît en avoir été préservé ; mais il faut continuer à rester sur ses gardes, comme nous l'avons déjà recommandé. Qu'on sache bien, et c'est l'Académie des sciences, après enquête, qui vient de le déclarer, qu'il n'y a jusqu'ici aucun remède contre le typhus des bêtes à cornes. Il faut impitoyablement abattre les animaux frappés, sous peine de voir le fléau empirer et envahir toute la contrée.

Ces principes sont élémentaires et doivent être vulgarisés.

On sait qu'aux termes de la loi les propriétaires sont indemnisés, et dans le budget de 1871 figure à ce sujet un crédit de 4,250,000 fr., et dans la loi de 1872, un nouveau crédit de 1,500,000 fr., voté dans la séance du 8 mai courant.

Ainsi, en satisfaisant à l'intérêt public, l'intérêt privé n'a point à en souffrir.

Donc, au premier signal, que chacun prévienne l'autorité, chargée de l'abattage de l'animal.

CONCOURS D'ANIMAUX GRAS.

La Société d'agriculture de la Charente, vous vous le rappelez, a pris l'initiative d'un concours d'animaux gras, qui s'est tenu à Angoulême en février 1870.

Elle a été encouragée à le renouveler dans le courant du mois de février 1872.

Vous avéz, dans votre précédente délibération, décidé qu'un concours d'animaux gras aurait lieu en l'année 1873.

Nous vous proposerons, dans une séance ultérieure, et eu égard aux circonstances, de déterminer le jour précis du concours et l'ensemble des récompenses à offrir.

Il faut, Messieurs, que nos efforts tendent à élever ce concours à la hauteur d'une institution, et nous faisons appel à tous les intéressés, afin que chacun tienne à honneur d'y prendre part.

Dès à présent, des médailles d'or sont assurées. Des subventions nous seront certainement accordées par l'État, le département et la ville.

Nous venons de lire que la compagnie d'Orléans, par décision de son conseil d'administration du 12 avril dernier, venait de donner un prix de 500 fr. pour les courses d'Angoulême. Pourquoi ne pas espérer qu'elle tiendra à encourager également une œuvre non moins utile?

Les intéressés, bien prévenus à l'avance, seront cette fois sans prétexte pour ne pas répondre à notre appel; ils ne voudront pas rester en état d'infériorité sur une toute petite ville du Finistère qui a présenté, à un concours tenu récemment, 76 bœufs gras, 14 vaches, 10 génisses, 33 porcs, 20 moutons et des gallinacés de toutes sortes.

OUVERTURE D'UN NOUVEAU MARCHÉ A LA VILLETTE.

La Société apprendra avec intérêt qu'un arrêté préfectoral de la Seine a décidé que le marché à la vente en gros, à la criée et à l'amiable, des viandes abattues, établi dans l'abattoir de la Villette, se tiendrait tous les jours, à dater du 30 mars 1872, d'une heure à cinq heures.

Le droit d'abri sera de 2 c. par kilo ; le droit de poids public, de 20 c. par 100 kilog., et les frais de courtage de 1 0/0, au maximum, du montant de la vente, à la charge du vendeur.

Ce marché peut avoir une grande importance pour l'agriculture, car l'usage d'abattre les animaux dans les fermes, pour n'envoyer sur les marchés des villes que les meilleurs morceaux, doit se généraliser de plus en plus, ainsi que cela a lieu sur les marchés de Londres.

Ainsi, Messieurs, ce marché de la Villette sera le corollaire de nos engraissements. C'est un nouveau et utile débouché dont le temps fera apprécier toute l'importance.

CONCOURS RÉGIONAL DE PÉRIGUEUX.

On a, dans ces derniers temps, agité la question de la suppression des concours régionaux ; mais l'Assemblée, bien inspirée, en a décidé le maintien et a voté les subsides nécessaires à ce sujet.

C'est qu'en effet, Messieurs, il ne faut pas se borner à encourager l'engraissement des animaux, il faut aussi et surtout encourager leur bonne conformation, car l'animal bien conformé est plus apte à l'engraissement.

Dans les concours régionaux, on ne doit faire figurer que des reproducteurs devant offrir la précocité à l'engraissement ou révélant des facultés laitières.

Le but, on le voit, est différent du concours d'animaux gras, et ils ont assurément l'un et l'autre un grand but d'utilité.

Cette année, le concours régional se tiendra à Périgueux, dans le courant du mois de septembre, et le département de la Charente est appelé à prendre part à cette fête agricole.

Ainsi, les propriétaires de reproducteurs dans toutes les espèces et les constructeurs d'instruments et de machines du département de la Charente pourront y figurer, et il est à désirer qu'ils le fassent à l'honneur de notre pays.

COURS DE L'ENSEIGNEMENT SUPÉRIEUR AGRICOLE.

Répandre l'instruction abondamment, voilà, Messieurs, ce que nous devons désirer au nom des intérêts de l'agriculture.

Aussi nous sommes heureux d'annoncer que, par arrêté du 7 mars 1872, M. le ministre de l'agriculture a institué un cours de l'enseignement supérieur agricole à l'École centrale des arts et manufactures, fondée à Paris en 1829, rue des Coutures-Saint-Gervais, n° 1.

La loi adoptée le 3 octobre 1848 établissait pour l'agriculture trois degrés d'instruction, relatifs aux trois aspects qu'on retrouve dans toute industrie : le métier, l'art, la science.

Les fermes-écoles pouvaient offrir les types du métier perfectionné.

Les écoles régionales devaient enseigner l'art, le présenter sous des formes appropriées aux besoins, aux habitudes et aux conditions d'une contrée déterminée, et le rattacher toutefois aux données et aux doctrines de la science.

L'Institut agronomique de Versailles était chargé d'enseigner la science même de l'agriculture, la science pure pour conduire aux applications. Il embrassait celles-ci dans toutes leurs généralités et pour toutes les variétés de climat, de région, de sol, d'usage ou de culture.

L'Institut fut supprimé, et l'École centrale tend à se substituer à cet Institut.

L'enseignement à l'École centrale durera trois années.

La première, cours de botanique et de zoologie.

La deuxième, cours de zootechnie et des plantes utiles ou nuisibles.

La troisième, cours d'agriculture proprement dite ou d'économie rurale.

Le tout indépendamment de la physique et de la chimie et des autres cours de l'école.

Les élèves sont externes; le prix de la pension est de 800 fr. par an.

SUR LE MINISTÈRE DE L'AGRICULTURE.

Vous devez, Messieurs, être frappés, non sans un sentiment de grande préoccupation, de l'instabilité des hommes auxquels est confiée la direction supérieure des choses de l'agriculture.

A peine M. Victor Lefranc a-t-il été appelé à cette direction comme ministre, que M. de Goulard, le 6 février dernier, lui a succédé.

M. de Goulard ne fait que passer et M. Tesserenc de Bort le remplace le 23 avril dernier.

Un vœu qui serait formulé à cet égard par vous répondrait assurément à l'opinion publique, mais il aurait un caractère politique, et je ne vous le propose pas. Il doit cependant nous être permis de regretter tous ces changements successifs, qui démontrent qu'on n'attache pas aux conditions agricoles toute la gravité et l'attention qu'elles méritent.

Ce ministère est considéré évidemment comme *petit* par les hommes d'État ; et pourtant n'est-il pas l'un des plus importants ?

Qu'on examine, en effet, dans le budget récemment voté, le rôle de l'agriculture.

C'est elle qui paie directement :

1° Pour tous droits de boissons........ 319 millions.

2° Tabacs......................... 260   —

3° Sucre indigène.................. 100   —

4° Les forêts.:.................... 64   —

Outre sa part dans les droits d'enregistrement, des douanes, des contributions immobilière, mobilière et des patentes.

C'est-à-dire que, sur un budget total de 2 milliards 583 millions, l'agriculture supporte plus de 1,500 millions, plus des deux tiers.

Elle prend, on le voit, une bien grande part dans les choses de l'État.

Un ministre s'honorera donc en élevant le ministère de l'agriculture à toute la hauteur qu'il comporte, et l'agriculture y gagnera ce que gagnent toujours une grande expérience et de profondes convictions.

Si ces conditions s'étaient rencontrées, peut-être que les traités de commerce n'auraient point été dénoncés, et que les droits si élevés de la loi sur les alcools, du 11 avril dernier, auraient été adoucis !

Il serait, du reste, à désirer que l'administration forestière passât du ministère des finances au ministère de l'agriculture. Notre domaine forestier cesserait d'être administré exclusivement au point de vue fiscal. En vue de ressources immédiates à en tirer, on l'appauvrit trop souvent.

Les dépenses des forêts figurent au budget pour...................... 11,500,000 fr.

Les recettes sont estimées à......... 63,500,000

On peut juger de leur importance !

Puisque je parle des forêts, je veux rappeler que, dans la séance du 27 mars dernier, la Société centrale d'agriculture de France, après une longue et savante discussion, a reconnu que les bois abattus en sève et écorcés au moment de l'abattage sont excellents, tandis que les bois qui sont abattus pour être écorcés, mais que, par des circonstances fortuites, on n'écorce pas, sont moins bons et moins durables. Il est nécessaire, en un mot, que l'écorçage ait lieu en même temps que l'abattage. A cette condition, les bois sont d'une excellente conservation.

Je dois aussi faire connaître que, dans le budget de 1872, figure une somme de 1,926,000 fr. pour travaux d'améliorations et d'irrigations.

L'eau est un des principaux agents pour obtenir les grosses récoltes. Ce fait a été longtemps méconnu, et le régime des cours d'eau a été réglé dans l'intérêt de l'industrie et de la navigation, presque à l'exclusion des intérêts agricoles.

Il faut donc applaudir à de telles mesures.

CONCOURS DIVERS.

La Société a reçu divers documents qu'elle doit signaler, concernant :

1º Divers prix offerts par l'Académie nationale de Caen, notamment un prix de 4,000 fr. pour l'étude du rôle des feuilles dans la végétation des plantes ;

2º Divers prix offerts par la Société des sciences, de l'agriculture et des arts de Lille ;

3º Un concours ouvert par l'Académie de Dijon, concernant le physicien Mariotte ;

4º Le concours archéologique qui se tiendra à Saint-Brieuc en juillet prochain ;

Et 5° l'Exposition de Lyon, qui sera définitivement ouverte le 1er juin prochain.

Ces documents sont déposés sur le bureau, à la disposition du public.

MORT DU DOCTEUR GUYOT.

Un homme qui apportait dans les concours et dans les congrès un grand éclat, le docteur Guyot, est mort le 31 mars dernier, au château de Savigny, dans la Côte-d'Or, où M. le comte de La Loyère lui avait offert l'hospitalité depuis la guerre.

Il était connu partout où la vigne est plantée et cultivée, et particulièrement dans notre Charente, où se conserve le souvenir de ses excursions et de ses conférences.

M. le docteur Guyot a publié un ouvrage fort remarquable sous ce titre : *Culture de la vigne et vinification*, puis l'*Étude des vignobles de France*, et la Charente y tient une place appréciée.

Ces ouvrages sont l'ornement de votre bibliothèque, et votre président compte dans ses meilleurs jours celui où, il y a trois ans, il alla en votre nom, comme témoignage de votre estime et de votre reconnaissance, apporter au docteur Guyot, sur son lit de douleur, la grande médaille d'or que vous lui avez décernée dans la séance solennelle du 15 mars 1869.

Une souscription vient d'être ouverte pour lui élever une tombe dans le modeste village où il est inhumé. Plusieurs sociétés agricoles y ont concouru, et vous voudrez y figurer également. Une somme de 50 fr. pourrait y être affectée.

SUR LA CULTURE DE LA TRUFFE.

La Société doit rappeler ici l'excellent rapport de l'un de ses membres, M. Condamy, sur l'ouvrage de M. Chatin, professeur de botanique, qui traite de la culture de la truffe, que Bruyerin, médecin de François Ier, a propagée sous son règne, et que Brillat-Savarin a appelée le diamant de la cuisine.

Les conclusions de ce rapport tendent à démontrer que la culture de la truffe est possible, surtout dans nos contrées, où elle croît déjà naturellement.

La truffe entre dans le commerce pour un chiffre de 20 millions, porté par la consommation à 50 millions.

La question mérite donc d'être expérimentée, et le rapport de notre honorable collègue M. Condamy, ainsi que vous l'avez décidé, sera imprimé en entier dans nos *Annales.*

A ce sujet, qu'il me soit permis d'engager de nouveau les membres de la Société, en imitant M. Condamy, à nous adresser le résultat de leurs observations et de leurs travaux. Nous abritons l'agriculture, les sciences, les arts, le commerce ; les horizons sont donc vastes, et nous avons tout à gagner à l'échange de nos communications et de nos études.

CULTURE DU TABAC.

Une culture moins problématique serait celle du tabac.

L'enlèvement à la France de nos deux chères et regrettées provinces l'Alsace et la Lorraine a beaucoup réduit la production du tabac indigène.

La Dordogne, les Landes, les Hautes-Pyrénées et le Lot-et-Garonne, à Tonneins, fournissent des qualités fort estimées, et ces départements se trouvent largement rédimés par la culture de cette plante.

Pourquoi donc, puisque cette culture réussit si bien à nos portes, n'aurait-elle pas le même succès dans la Charente, puisque presque toutes les plantes y viennent à merveille ?

Il y aurait donc lieu d'exprimer le vœu que la culture du tabac fût autorisée dans notre département, et ce vœu, n'en doutez pas, sera confirmé et appuyé par le conseil général.

Pardonnez, Messieurs, à la longueur de ce rapport; mais je m'adresse à des hommes de cœur qui savent que, par le travail, on peut tirer de la terre les plus abondantes moissons. Nous voulons donc apporter le travail là où il peut s'exercer utilement. Et c'est lui seul qui, avec l'aide de Dieu, relèvera notre patrie aimée des ruines dans lesquelles des mains impies ont tenté de l'engloutir !

RAPPORT

DE

M. LE PRÉSIDENT DE LA SOCIÉTÉ D'AGRICULTURE

DE LA CHARENTE

A LA SÉANCE DU 15 JUIN 1872

MESSIEURS,

Dans notre séance du 15 mai dernier, vous avez renouvelé les vœux faits par le conseil général, notamment au sujet d'abris à fournir par la compagnie d'Orléans dans les gares pour nos produits en vins et eaux-de-vie.

J'ai transmis ce vœu à M. le directeur de la compagnie, et il m'a été répondu, par lettre du 4 courant, que la compagnie veillerait à ce que les marchandises qui lui sont confiées n'aient pas à souffrir des intempéries.

Cette réponse n'est précisément pas celle que nous pouvions attendre, mais nous réitérerons nos réclamations jusqu'à ce qu'une légitime satisfaction nous soit donnée.

CULTURE DU TABAC.

Nous avons également envisagé la culture du tabac dans la Charente.

Je me suis mis en rapport à ce sujet avec M. le directeur des contributions indirectes du département de la Charente, et voici ce qu'il m'a fait l'honneur de me répondre par sa lettre du 5 juin courant :

« La culture du tabac est autorisée par un décret du gouvernement. Ce décret fait mention de l'espèce de tabac qui doit être de préférence cultivée.

« En établissant que le sol de la Charente est favorable à la culture du tabac, une demande aurait peut-être en ce moment quelque chance d'être accueillie. »

Il y là, Messieurs, une industrie nouvelle à propager dans notre département, et voici, du reste, ce qui se pratique dans l'arrondissement de Lille :

On lui réserve les meilleurs sols argilo-sablonneux.

Le tabac tient lieu partout de la jachère. Après une éteule de blé, on prépare la terre par quatre ou cinq labours. Le premier a lieu pour le déchaussage ; le second, de 12 centimètres, se donne avant l'hiver. Au printemps, on conduit par bonnier (1 hectare 21 ares 87 centiares) vingt voitures de fumier, pesant chacune 1,250 kilog., que l'on mélange par plusieurs labours, dont l'un va jusqu'à 32 centimètres de profondeur ; entre chaque labour l'on herse.

Le fumier d'étable convient très bien au tabac.

La graine est semée à la volée ; peu de temps après la levée des plantes, on les espace de 2 ou 5 centimètres les unes des autres, et l'on a soin de tenir la pépinière nette de mauvaises herbes.

Lorsque le plant est suffisamment fort, on procède à la transplantation. Immédiatement avant de repiquer, on herse, on trace les lignes au cordeau et l'on met les plantes dans les trous creusés avec le greffoir, en ayant soin de ne pas courber la racine. Les pieds de tabac se trouvent à

50 centimètres en tous sens. Cette opération s'exécute du 1er juin à la Saint-Jean.

Le moment de couper le tabac est indiqué par la couleur jaune ; puis, les feuilles séparées de la tige, on les supend dans des séchoirs pendant huit jours.

Dans un bon sol et par une culture soignée, on obtient par bonnier 400 kilog. de feuilles sèches, et si on les vend à peu près 40 fr., on peut voir que, si cette culture est minutieuse, on est, en réalité indemnisé de ses soins et de ses travaux.

PESTE BOVINE.

Dans la première décade de mai, le relevé des cas de peste bovine a été un peu plus satisfaisant.

Le total des animaux abattus du 21 octobre 1871 au 10 mai 1872 est de 10,258.

Et avant la dernière décade d'octobre 1871 il y avait déjà 47,000 animaux abattus.

Il faut remplacer les pertes faites dans les étables, et c'est ce qui explique, avec la guerre, la cherté des animaux.

Dans notre dernière séance nous avions dit, nous fondant sur une décision de l'Académie des sciences, que les remèdes étaient impuissants et qu'il fallait abattre l'animal et l'enfouir.

Il nous fut répondu qu'avant d'en arriver à cette cruelle extrémité, il fallait user de l'acide phénique.

Cet agent est en effet conservateur, tandis que le chlorure de chaux est destructeur des matières organiques.

Mais il a paru dans le journal *l'Écho agricole* du 15 mai dernier, et j'en dois la communication à l'honorable M. Machenaud-Rhodius, un article annonçant qu'il s'était tenu à Vienne une commission sanitaire internationale, et dans laquelle onze États s'étaient fait représenter, et qui a déclaré qu'il n'y avait pas d'hésitation à avoir, qu'il fallait tuer tous les animaux et les enfouir profondément.

Du reste, la gravité du typhus est telle en ce moment, que le gouvernement anglais s'oppose formellement à toute importation d'animaux français.

Nous croyons donc, jusqu'à ce que le gouvernement et l'Académie des sciences aient proclamé l'efficacité d'un remède, qu'il y a lieu de se soumettre aux prescriptions sanitaires de la commission de Vienne.

INSECTES NUISIBLES. — ÉCHENILLAGE.

Le *Journal officiel* du 4 courant constate qu'il vient d'être déposé un rapport par M. Guzman Serph sur un projet de loi prescrivant les mesures nécessaires pour arrêter les ravages causés par les insectes nuisibles à l'agriculture ; la commission demande qu'il ne soit pas laissé à la seule initiative de l'administration l'application des mesures qui doivent être prises, et croit que, dans l'intérêt des agriculteurs, il y aurait lieu de consulter les conseils généraux, et en cas d'urgence, dans l'intervalle des sessions, les commissions départementales.

La commission constate qu'un des moyens les plus puissants de destruction des insectes est la conservation des oiseaux, et la commission demande une protection plus efficace pour ces utiles auxiliaires.

Parmi ces insectes, il en est qui, dans ce moment même, produisent les plus affreux ravages sur nos arbres fruitiers, sur nos haies, partout enfin ; je veux parler des chenilles.

D'ailleurs, l'administration ordonne l'échenillage, et nul n'en tient compte.

Je reconnais que la destruction est difficile, mais elle

n'est pas impossible, et voici le remède qui est proposé par la Société d'horticulture de Maine-et-Loire. Je l'ai pratiqué personnellement dans ces derniers jours, et je puis assurer la Société de son efficacité :

Les chenilles écloses dans un même cocon y séjournent pendant quelque temps et ne s'en éloignent que vers le milieu du jour pour se nourrir de feuilles. Elles y reviennent toutes ensuite pour passer la nuit. Il est donc facile de les détruire toutes ensemble le matin, avant leur dispersion, ou le soir, en aspergeant le nid avec de l'eau de savon.

On les détruit aussi avec de l'huile, mais l'eau de savon est d'un emploi plus facile et possède autant d'efficacité.

SUR LA MALADIE DES CHATAIGNIERS.

M. Chatin, botaniste, que vous connaissez déjà par ses travaux sur les truffes, s'est occupé récemment d'une maladie qui fait périr les châtaigniers.

Comme en certains endroits de notre département le châtaignier est cultivé, il importe d'appeler l'attention à ce sujet.

M. Chatin constate que la maladie est caractérisée par le très faible développement des feuilles, qui tombent dès le mois de juillet, au lieu de persister jusqu'en octobre.

M. Chatin pense que la maladie n'a d'autre cause que la sécheresse du sol, et pour combattre le mal, il dit qu'il faut retenir l'humidité au sein du sol et rendre à la terre l'eau qu'elle a perdue.

Quant aux plantations de châtaigniers à créer, il pense qu'elles n'auront jamais rien à redouter de la maladie, si l'on fait choix, pour les y établir, de terres profondes, limono-siliceuses et orientées au nord,

CONCOURS RÉGIONAL DE BERGERAC.

Ce concours devait avoir lieu à Périgueux, mais le conseil municipal de cette ville a désiré y rester étranger.

Celui de Bergerac, mieux inspiré, a offert de s'y associer, et c'est dans cette ville que le concours se tiendra, du 24 août au dimanche 1er septembre prochain.

J'engage ceux de nos compatriotes qui s'y présenteront à aller visiter les magnifiques cultures de M. Durand de Corbiac, qui ont été couronnées, il y a dix ans, par la prime d'honneur.

Dans le programme nouveau figurent nominativement les races de Barbezieux, comme la Société l'avait demandé, et vous l'apprendrez avec intérêt.

Les concours régionaux, vous le savez, Messieurs, diffèrent des concours des animaux gras, et ils ont respectivement, les uns et les autres, un grand but d'utilité.

Aux concours d'animaux gras, on demande la beauté des formes et l'engraissement,

Et aux concours régionaux, seulement la beauté des formes des reproducteurs.

Les uns doivent aller fatalement et sans retard à la boucherie.

Les autres doivent rester l'ornement de nos étables et servir, par une habile sélection, à un repeuplement plus parfait.

Afin, Messieurs, de bien démontrer cet état de choses, je prie la Société de me permettre de lui offrir des dessins coloriés de quelques jolis types d'animaux gras couronnés aux concours de Poissy, et d'autres couronnés dans les concours régionaux. Je les dépose sur la table avec une note indicative et détaillée, et, si cela est possible, ils resteront exposés dans notre local.

Je ne veux pas terminer sans rappeler encore le concours d'animaux gras qui se tiendra à Angoulême en février 1873.

La nature et la quotité des récompenses seront détermi-minées dans la séance du 15 novembre prochain.

EXPOSITION A VIENNE.

M. le ministre de l'agriculture vient de nous adresser une circulaire, en date du 24 mai dernier, annonçant qu'une exposition universelle s'ouvrira à Vienne (en Autriche) le 1er mai 1873, et il ajoute combien il importe, dans les circonstances actuelles, que la France y prenne part et s'y maintienne au rang élevé qui a été le sien dans toutes les solennités artistiques, industrielles et agricoles qui se sont succédé depuis la première exposition universelle de Londres, en 1861.

TOMBE DE M. LE DOCTEUR GUYOT.

J'ai transmis, Messieurs, votre souscription pour le monument à élever sur la tombe du docteur Guyot, dans le cimetière de Savigny (Côte-d'Or).

Le comité me charge de vous en témoigner sa reconnaissance.

La Charente ne pouvait rester indifférente au souvenir de l'homme éminent qui a laissé de précieuses empreintes de son passage dans nos contrées.

STATUE DE MARGUERITE D'ANGOULÊME.

Il y a trois années, quelques amis des lettres, aidés par le conseil général et le conseil municipal d'Angoulême, ont pris l'initiative d'élever sur l'une de nos places publiques une statue à la mémoire de Marguerite d'Angoulême, sœur de François Ier, née au château de la ville, le 11 avril 1492, et morte le 21 décembre 1549.

C'est de Marguerite qu'un poète, ancien secrétaire général de notre Société, M. Castaigne, dont les lettres et la science regrettent la perte prématurée, a dit :

> C'est cette reine gracieuse,
> Femme à la voix harmonieuse,
> Poète et conteur tour à tour,
> Dont le nom, comme un diadème,
> Décore, ô château d'Angoulême !
> Les créneaux de ta vieille tour.

M. Badiou de la Tronchère, sculpteur, a été chargé de l'exécution de cette statue ; elle figure en ce moment à l'Exposition du palais de l'Industrie, à Paris, et elle y tient une place fort appréciée.

Pour solder les dépenses, le comité s'est réuni récemment ; il a fait appel à de nouvelles souscriptions.

Me souvenant de l'un de vos attributs, j'ai pensé que notre Société des arts devait y figurer, et j'ai souscrit en votre nom pour une somme de 100 fr.

La Société ne m'enlèvera pas le plaisir de rester seul chargé de cette dépense.

Le public sera bientôt appelé à jouir à Angoulême du spectacle de cette œuvre vraiment digne d'attention et qui restera désormais confiée au respect, à la loyauté et à l'intelligence de la population angoumoisine.

CHAMBRES CONSULTATIVES DE L'AGRICULTURE.

D'après le *Journal officiel* du 26 mai dernier, M. Lespinasse a déposé une proposition destinée à modifier la loi du 20 mars 1851 et le décret du 25 mars 1852 sur les chambres d'agriculture,

Ce projet fait bon marché du conseil supérieur d'agriculture qui a été établi par la loi du 20 mars 1851, et il en demande la suppression pour le remplacer par trois employés du ministère de l'agriculture, ne tenant aucun compte non plus du rôle des sociétés agronomiques des départements.

J'ai cru devoir protester sans le moindre retard par une lettre publiée le 2 courant dans le *Charentais*.

C'est qu'en effet les sociétés d'agriculture départementales doivent tenir lieu de chambres consultatives, qui ne sont qu'une superfétation, et il importe de raviver les conseils généraux de l'agriculture, qui auront la mission de représenter toutes les productions de la France; ces conseils généraux auront, eux aussi, une commission permanente, et de cette façon tous nos intérêts seront constamment protégés et défendus.

SUR NOS ANNALES.

Nous avons à plusieurs reprises demandé aux membres de la Société qui auraient quelques numéros incomplets de nos *Annales* de vouloir bien nous les confier.

Nous renouvelons notre demande, car il importe que la Société puisse avoir dans ses mains tous les éléments de son histoire, et on verra combien ceux qui nous ont précédés ont pris à cœur la prospérité de notre Société.

Ils considéraient que c'est un devoir strict pour tout propriétaire, tout fermier et tout métayer, et pour tous les hommes d'intelligence, auxquels il n'est plus permis de se désintéresser du progrès général, de se faire inscrire sur les listes de la Société. Notre œuvre tend assurément à être utile, et l'indifférence à notre égard est dès lors coupable.

M. Barral, secrétaire perpétuel de la Société centrale d'agriculture, raconte que, dans l'un de ses voyages en Angleterre, tous les cultivateurs qu'il a vus lui disaient : « C'est un devoir pour nous d'appartenir à la Société royale d'agriculture, et dans notre budget il y a toujours une part pour cette œuvre. »

C'est, Messieurs, bien comprendre l'honneur de sa profession.

Puisque je viens de parler de M. Barral, laissez-moi recommander à votre attention le compte qu'il a rendu des travaux de la Société centrale, dans sa séance solennelle du 12 mai 1870.

Après avoir jeté un regard attristé et plein de patriotisme sur la situation de la France, il trace de main de maître à l'agriculteur les sciences qu'il lui faut apprendre :

La physiologie végétale,
La chimie,
La géologie,
L'histoire naturelle,
La mécanique agricole,
Les irrigations,
L'économie politique.

Ces branches diverses des connaissances rurales sont peut-être aujourd'hui encore imparfaitement connues dans nos campagnes, mais chaque jour en révèle l'utilité et tend à les vulgariser. Bientôt donc l'agriculteur se trouvera à la hauteur de tous les autres industriels qui concourent au développement de la richesse nationale.

C'est notre vœu le plus ardent, et c'est surtout au sein de notre assemblée qu'il trouvera les plus vives sympathies.

SUR L'EMPLOI DU NITRATE DE SOUDE

COMME ENGRAIS

(Extrait de la séance de la Société centrale d'agriculture de France
du 10 juillet 1872)

M. le Secrétaire perpétuel fait une communication relative
à l'emploi du nitrate de soude comme engrais; il insiste
particulièrement sur l'utilité que ce sel peut présenter, en
raison de l'épuisement prochain de tous les gisements de
guanos. Il s'exprime en ces termes :

« L'épuisement absolu des gisements des guanos riches
des îles de Chincha, qui étaient remarquables par leur fort
dosage en matières azotées ; l'épuisement prochain des
autres gisements à richesse de plus en plus décroissante, à
tel point qu'il ne s'y trouve presque plus que du phosphate
de chaux, donnent un grand intérêt à l'emploi, en agriculture, du nitrate de soude, qui a l'avantage d'être un sel
bien défini, toujours facile à titrer. Quand il est pur, il
dose 16.5 pour 100 d'azote. C'est aujourd'hui le moins
cher des engrais azotés. En effet, le prix du nitrate de soude
est, en Angleterre, de 13 schellings et demi à 16 schellings
le quintal anglais, soit de 33 à 39 fr. par 100 kilog.
Dans la Grande-Bretagne, on l'achète au titre de 95 pour
100, en diminuant ou en augmentat le prix proportionnel-

lement, si ce titre est supérieur ou inférieur, ce qui met à 2 fr. 50 le prix maximum et à 2 fr. 10 le prix minimum du kilo d'azote. Or, ce prix tend à baisser aujourd'hui, tandis que le prix de l'azote dans le guano et dans le sulfate d'ammoniaque tend, au contraire, à augmenter. Le cours actuel du nitrate de soude, à Marseille, est de 44 à 45 fr. par quintal métrique.

« La raison de l'abaissement probable du cours du nitrate est dans l'établissement d'un chemin de fer construit au Pérou, du port d'Iquique à la Noria, le principal centre des usines lavant le minerai salpêtré pour en extraire la lessive qui, soumise à l'évaporation, fournit le nitre cubique qu'on appelle aussi le salpêtre d'Iquique. Jusqu'à ce moment, les transports ne se font des usines au port qu'à dos de mulets ; on comprend quelle diminution dans le prix de revient du produit introduira l'établissement d'une voie de communication commode et rapide. La province de Tarapaca présente des gisements de plusieurs centains de lieues sur plusieurs mètres d'épaisseur, de telle sorte qu'il est impossible de prévoir l'époque reculée de l'épuisement.

« La richesse des nitrières du Pérou est incalculable; elle a été signalée à l'Europe par M. Mariano de Rivero dès 1821, et l'on trouve, sur leur exploitation, des détails très intéressants, dans une lettre du savant Péruvien à M. Boussingault, tome II de la *Chimie agricole et physiologie* du savant chimiste-agronome. Mais les précieuses indications des savants restent longtemps lettre morte. En effet, ce n'est qu'à partir de 1840 qu'en Angleterre on a commencé à employer ce sel. Voici, de cinq en cinq ans, les quantités introduites chaque année dans le royaume-uni de la Grande-Bretagne (on estime que plus de la moitié est consacrée à l'agriculture) :

1840...........	16,500 quintaux métriques.
1845...........	85.000 —
1850...........	128,000 —
1855...........	159,000 —
1860...........	373,000 —
1865...........	510,000 —
1870...........	550,000 —

« En France, l'agriculture ne commence guère à se servir du nitrate de soude que depuis un an. La quantité totale ne dépasse pas aujourd'hui 150,000 quintaux, et elle n'était que de 37,000 en 1850. La presque totalité vient du Pérou ; le Chili n'en envoie guère en Europe que la quinzième partie de la consommation totale. Après l'Angleterre, c'est l'Allemagne qui aujourd'hui en consomme le plus ; il en arrive de forts chargements à Hambourg. Le fret des navires, depuis le port d'Iquique jusqu'au Havre, pour le nitre cubique, est de 65 à 70 fr. la tonne. Maintenant qu'il y a une surtaxe de pavillon, il faudra compter sur le chiffre de 75 fr. Le prix à Iquique est assez variable ; en moyenne, il est de 25 fr. les 100 kilog.; quelquefois il descend beaucoup au-dessous. Un des motifs qui ont long-temps détourné les armateurs d'envoyer du nitrate de soude en France, c'est qu'on ne voulait pas, chez nous, qu'il contînt de chlorures ; dès qu'il renfermait de 1 à 1 1/2 pour 100 de ces sels étrangers, il était fortement déprécié. En Angleterre, au contraire, on l'achète à tout titre sans s'occuper de la nature des matières étrangères, mais en le payant proportionnellement à sa richesse, comme nous venons de le dire. Au point de vue agricole, les Anglais ont évidemment parfaitement raison, et il est désirable que les mêmes idées saines soient acceptées en France. Nous ajouterons que, parmi les principaux importateurs français, on doit citer M. Thomas Lachambre. Celui-ci, il est vrai, ne vend qu'en gros ; mais il existe à Paris un commissionnaire, rue Barbette, 6, M. Michelet, croyons-nous, qui vend en quantité moindre pour l'agriculture. Le nitrate de soude, mélangé au superphosphate de chaux, constitue certainement un des meilleurs engrais que l'agriculture puisse employer pour compléter l'action fertilisante des fumiers. »

M. Pépin désirerait connaître les résultats produits en Angleterre, depuis trente ans, par l'emploi du nitrate de soude.

M. Barral répond que les résultats obtenus ont été excellents ; on n'emploie, d'ailleurs, que très rarement le nitrate de soude seul ; on ne s'en sert que comme adjuvant, et on le mélange soit avec du phosphate de chaux, soit avec des matières organiques.

M. Pépin demande encore en quelles quantités cet engrais doit être employé dans l'agriculture.

M. Barral ajoute que les quantités employées varient entre 200 et 300 kilogrammes par hectare.

M. Peligot fait observer que le nitrate de soude sert à plusieurs usages, notamment pour la préparation des acides azotique et sulfurique, pour la fabrication de la poudre à canon et pour l'agriculture. Peut-on connaître les proportions dans lesquelles il est employé pour chacun de ces usages, ou, tout au moins, pour l'agriculture ?

M. Barral dit qu'il a été constaté que la moitié environ du nitrate de soude introduit en Angleterre est destinée à l'agriculture. Il ajoute que, sur quinze chargements, quatorze viennent du Pérou et un seul du Chili.

EXPÉRIENCES

RELATIVES AU

CHAUFFAGE DES VINS

(Extrait de la séance de la Société centrale d'agriculture de France
du 10 juillet 1872)

M. le Secrétaire perpétuel, après avoir rappelé la demande de M. Pasteur relative à l'adjonction de membres de la Société à une commission devant déguster les vins soumis, d'après sa méthode, au chauffage, fait connaître que cette commission s'est réunie, le matin, à neuf heures, à l'École normale supérieure, rue d'Ulm, et a fait des expériences comparatives sur des vins chauffés et sur des vins non chauffés. M. Barral analyse les observations auxquelles la dégustation a donné lieu et qui ont été consignées dans un procès-verbal spécial. Le résultat général de ces observations est que les vins chauffés sont meilleurs que les vins non chauffés, non-seulement les vins communs, chez lesquels la différence de qualité est incontestable, mais encore les vins fins. Il découle également de ces expériences que les vins ne sont pas d'aussi bonne qualité lorsque le chauffage est effectué un trop grand nombre d'années après la récolte que lorsqu'il a lieu dans l'année même où le vin est récolté. On doit encore ajouter, comme un des résultats constatés, que le plâtrage, qui exerce une influence sur la conservation des vins, principalement de ceux du Midi, n'est pas indispensable quand on emploie la méthode de chauffage. Enfin, il y a lieu, pour achever de démontrer l'excellence de la méthode de M. Pasteur, de signaler une expérience faite sur un échantillon de vin rouge d'Arbois. Ce vin, récolté en 1865, et chauffé seulement en 1869, époque à laquelle il est devenu malade, s'est parfaitement guéri et a été reconnu, à la dégustation, d'une très bonne qualité. Tous ces faits établissent donc, de la manière la plus évidente, l'avantage du chauffage ; aussi y a-t-il intérêt à les faire connaître et à insérer dans le *Bulletin* de la Société le procès-verbal lui-même, qui a été rédigé en présence des membres de la Société présents à la commission, MM. Dumas, Barral, Bouchardat.

Procès-verbal de la dégustation de vins chauffés et non chauffés, faite le 10 juillet 1872, à l'École normale, sur la demande de M. Pasteur, par MM. Teissonnière, Célérier, Brazier jeune, en présence de MM. Dumas, Barral, Bouchardat, Porlier.

Vin blanc, 1864, chauffé en 1865. — Meilleur, vin chauffé, à l'unanimité.

Vin rouge, coupage de Paris, à 45 centimes la bouteille, chauffé en mai 1865 (Anthoine). — Meilleur, vin chauffé ; différence très peu sensible, un peu plus de couleur dans le vin chauffé.

Vin rouge, coupage de Paris, à 45 centimes la bouteille,

chauffé en mars 1865 (Anthoine). Un des échantillons est devenu blanc, c'est le vin chauffé. Aucun des échantillons n'est altéré. M. Pasteur explique la perte de la couleur du vin chauffé, par ce fait qu'aucune croûte par la fleur ne s'étant produite sur le vin chauffé, ce dernier s'est trouvé, en raison de la porosité du bouchon, en contact avec l'oxygène de l'air, tandis que la croûte de fleur formée sur le vin non chauffé l'a préservé de cette influence.

Vin rouge, coupage de Paris, à 60 centimes la bouteille, chauffé en juin 1865 (Anthoine). — Le vin chauffé est en très bon état de conservation. Le non chauffé est aigre et a perdu une partie de sa couleur.

Vin rouge du Midi, non plâtré (Petit-Montagne), chauffé à 65 degrés, en décembre 1865. — Le vin chauffé est en bon état de conservation malgré son âge. Le vin non chauffé est dur et acide ; il a perdu de sa couleur.

Vin rouge du Midi, plâtré (Petit-Montagne), chauffé à 65 degrés, en décembre 1865. — Vins de qualité égale. Un léger goût de fermentation dans le vin non chauffé. Le chauffé est un peu coloré.

Vin rouge d'Arbois, 1865. — Il était malade en 1869, époque à laquelle il a été chauffé. Le vin chauffé est bon ; il a plus de couleur que le vin non chauffé, qui a un goût de fermentation assez prononcé. Il y a au fond de la bouteille un dépôt flottant et abondant, tandis que dans la bouteille de vin chauffé ce dépôt est adhérent et peu abondant.

Vin de Bordeaux ordinaire, chauffé en 1869. — Différence insignifiante. Voix partagées. Couleur égale dans chaque échantillon.

Vin d'Arbois de 1871, chauffé en avril 1872. — Le vin chauffé est reconnu supérieur à l'unanimité, quoique la différence soit peu sensible. La couleur est la même dans les deux échantillons.

Vin de Chambertin, 1865, chauffé en 1866. — Le vin chauffé est reconnu supérieur. Il est plus moelleux, son bouquet s'est bien développé. Il y a autour de la bouteille du vin chauffé un dépôt adhérent abondant ; le dépôt, au contraire, est léger dans l'autre bouteille et est flottant. Très bonne couleur égale dans les deux échantillons.

Vin de Volnay, 1863, chauffé en 1866. — Les deux vins sont bien conservés. La majorité a préféré le vin chauffé. Couleur égale dans les deux échantillons.

Vin de Volnay, 1865, chauffé en 1866. — Les deux vins sont excellents. La majorité cependant est acquise au vin chauffé comme plus moelleux. Couleur égale dans les deux échantillons.

Vin de Volnay, 1864, chauffé en 1866. — Le vin chauffé est reconnu bien supérieur à l'unanimité. La couleur est égale.

Vin de Volnay, 1864, chauffé en 1866. — Le vin chauffé est reconnu supérieur à la majorité d'une voix. Vins excellents du reste. Couleur égale.

Vin de Volnay, 1862, chauffé en 1866. — Le vin chauffé est bon. Le vin non chauffé est aigre et a perdu de sa couleur.

Vin de Pomard-Marey-Monge, 1863, chauffé en 1865. — Le vin chauffé est reconnu supérieur à l'unanimité. Il a conservé sa couleur, tandis que le vin non chauffé a perdu la sienne, il est devenu presque blanc et assez amer.

Vin de Beaune, 1857, chauffé en 1866. — Le vin chauffé a la majorité d'une voix ; les deux vins sont bien conservés. Si l'on se reporte à la dégustation faite en 1869, il en résulterait que le vin chauffé gagne.

7.

Vin d'Echezeaux-Vougeot, 1862, chauffé en 1866. — Le vin chauffé a la majorité d'une voix. Les deux vins sont excellents.

Vin d'Echezeaux-Vougeot, 1861, chauffé en 1866. — Le vin chauffé est reconnu meilleur, 4 contre 1.

Vin de Romanée, 1862, chauffé en 1866. — Le vin non chauffé est reconnu supérieur par 4 contre 1. Couleur égale.

Vin de Pomard, 1861 (Marey-Monge), chauffé en 1866. — Le vin chauffé est reconnu supérieur à l'unanimité. Il a conservé sa couleur, tandis que le vin non chauffé a perdu beaucoup de la sienne.

Vin de Pomard, 1862 (Marey-Monge), chauffé en 1866. — Le vin chauffé est reconnu supérieur à l'unanimité. Il a conservé sa couleur, tandis que le vin non chauffé a perdu une partie de la sienne et est amer.

Vin de Gevrey-Chambertin, 1859, chauffé à 65 degrés, en mai 1865. — Le vin chauffé est reconnu supérieur à l'unanimité. Il a conservé sa couleur, tandis que le vin non chauffé a perdu une partie de la sienne et est devenu dur.

Vin de Saint-Georges (Côte-d'Or, 1858), chauffé en 1866. — Le vin chauffé est supérieur à la majorité d'une voix. Le vin non chauffé a un peu moins de couleur que celui qui a été chauffé.

MERCURIALE. — AVRIL 1872.

État du prix moyen des Grains, autres Denrées et Comestibles, dans les principaux Marchés du département de la Charente, pendant la deuxième quinzaine du mois d'Avril.

NOMS des COMMUNES	PRIX DE L'HECTOLITRE de							PRIX du k. de		PRIX du kilogramme de					PRIX DU QUINTAL métrique de	
	Froment.	Méteil.	Seigle.	Orge.	Maïs.	Avoine.	Haricots.	Pain blanc.	Pain bis.	Bœuf.	Vache.	Veau.	Mouton.	Cochon.	Foin.	Paille.
	f. c.	f. c.	f. c.	f. c.	f. c.	f. c.	f. c.	c.	c.	f. c.	f. c.	f. c.	f. c.	f. c.	f. c.	f. c.
Angoulême	25 92	18 29	16 27	0 0	10 67	9 79	32 75	45	37	1 60	1 30	1 90	1 90	1 50	8 0	9 0
La Rochefoucauld	0 0	0 0	0 0	0 0	0 0	0 0	0 0	0	0	1 60	1 50	1 80	1 60	1 40	7 25	7 76
Rouillac	24 84	0 0	0 0	0 0	0 0	8 31	0 0	45	38	1 80	1 50	2 0	2 0	1 60	9 20	9 0
Aubeterre	0 0	0 0	0 0	0 0	0 0	0 0	0 0	45	36	1 20	1 20	1 80	1 80	1 60	0 0	0 0
Baignes	0 0	0 0	0 0	0 0	0 0	0 0	0 0	0	0	1 60	0 0	1 80	1 60	1 60	8 0	7 0
Barbezieux	0 0	0 0	0 0	0 0	0 0	0 0	0 0	48	40	1 50	0 0	1 70	1 60	1 80	12 0	8 0
Chalais	0 0	0 0	0 0	0 0	0 0	0 0	0 0	40	32	1 40	0 0	1 80	1 80	1 60	0 0	0 0
Châteauneuf	0 0	0 0	0 0	0 0	0 0	0 0	0 0	45	38	2 0	1 50	2 0	2 0	2 0	9 0	9 0
Cognac	0 0	0 0	0 0	0 0	0 0	0 0	0 0	43	37	2 0	1 50	2 0	2 0	2 0	9 0	9 0
Jarnac	0 0	0 0	0 0	0 0	0 0	0 0	0 0	43	37	2 0	1 50	2 0	2 0	2 0	9 0	9 0
Chabanais	23 0	16 0	14 0	0 0	10 0	9 50	24 0	46	36	0 0	1 50	1 50	1 60	1 40	6 0	7 0
Confolens	0 0	0 0	0 0	0 0	0 0	0 0	0 0	50	38	1 50	1 50	1 50	1 50	1 50	0 0	0 0
Saint-Claud	23 0	13 0	0 0	0 0	9 50	8 22	0 0	46	38	1 70	1 60	1 90	1 90	1 60	0 0	0 0
Aigre	25 41	15 19	0 0	9 53	10 20	8 16	0 0	45	38	1 60	1 60	2 0	1 70	1 70	7 0	5 0
Mansle	24 30	0 0	0 0	9 0	10 0	8 25	0 0	41	36	1 60	1 60	1 80	1 80	1 70	6 50	8 0
Ruffec	27 0	0 0	0 0	8 50	10 50	8 25	0 0	41	35	1 60	1 60	1 60	1 90	1 70	0 0	0 0

MERCURIALE. — MAI 1872.

État du prix moyen des Grains, autres Denrées et Comestibles, dans les principaux Marchés du département de la Charente, pendant la deuxième quinzaine du mois de Mai.

NOMS des COMMUNES.	PRIX DE L'HECTOLITRE de							PRIX du k. de		PRIX du kilogramme de					PRIX DU QUINTAL métrique de	
	Froment.	Métcil.	Seigle.	Orge.	Mars.	Avoine.	Haricots.	Pain blanc.	Pain bis.	Bœuf.	Vache.	Veau.	Mouton.	Cochon.	Foin.	Paille.
	f. c.	fr. c.	f. c.	f. c.	f. c.	f. c.	f. c.	c.	c	f. c.	f. c.	f. c.	f. c.	f. c.	f. c.	f. c.
Angoulême	26 47	17 96	16 22	0 0	11 42	9 55	33 66	45	37	1 50	1 20	2 0	1 90	1 50	7 0	9 0
La Rochefoucauld	0 0	0 0	0 0	0 0	0 0	0 0	0 0	0	0	0 0	0 0	0 0	0 0	0 0	0 0	0 0
Rouillac	23 96	13 23	0 0	9 84	9 74	15 42	0 0	45	38	1 80	1 50	2 0	1 80	1 60	0 0	7 10
Aubeterre	0 0	0 0	0 0	0 0	0 0	0 0	0 0	45	36	1 40	1 40	1 60	1 60	1 40	0 0	0 0
Baignes	26 0	0 0	0 0	0 0	8 0	9 50	0 0	48	38	1 60	0 0	1 80	1 60	1 80	7 0	6 0
Barbezieux	25 75	0 0	0 0	0 0	11 0	10 0	0 0	48	40	1 50	0 0	1 70	1 60	1 80	8 0	6 0
Chalais	26 0	0 0	0 0	0 0	14 0	10 0	0 0	40	32	1 40	0 0	1 80	1 80	1 00	0 0	0 0
Châteauneuf	26 0	0 0	0 0	0 0	11 0	10 0	0 0	44	37	2 0	1 50	2 0	2 0	2 0	10 0	10 0
Cognac	26 0	0 0	0 0	0 0	11 0	10 0	0 0	43	37	2 0	1 50	2 0	2 0	2 0	10 0	10 0
Jarnac	0 0	0 0	0 0	0 0	0 0	0 0	0 0	43	37	2 0	1 50	2 0	2 0	2 0	10 0	10 0
Chabanais	25 0	16 0	14 0	0 0	10 0	9 50	30 0	46	36	0 0	1 50	1 50	1 90	1 20	6 0	6 0
Confolens	0 0	0 0	0 0	0 0	0 0	0 0	0 0	46	36	1 50	1 50	1 50	1 50	1 50	0 0	0 0
Saint-Claud	23 0	12 0	0 0	9 0	9 50	8 22	0 0	46	38	1 70	1 00	1 90	1 90	1 30	0 0	0 0
Aigre	24 74	12 45	0 0	9 18	10 20	8 08	0 0	45	38	1 60	1 60	2 0	1 70	1 70	7 0	5 0
Mansle	24 30	0 0	0 0	9 0	10 0	8 25	0 0	41	36	1 60	1 60	1 80	1 80	1 70	6 50	8 0
Ruffec	26 50	0 0	0 0	9 0	10 50	7 75	0 0	40	34	1 60	1 60	1 60	1 90	1 70	0 0	0 0

MERCURIALE. — JUIN 1872.

État du prix moyen des Grains, autres Denrées et Comestibles, dans les principaux Marchés du département de la Charente, pendant la deuxième quinzaine du mois de Juin.

NOMS des COMMUNES.	PRIX DE L'HECTOLITRE de														PRIX duh.de		PRIX du kilogramme de										PRIX DU QUINTAL métrique de			
	Froment.		Méteil.		Seigle.		Orge.		Maïs.		Avoine.		Haricots.		Pain blanc.	Pain bis.	Bœuf.		Vache.		Veau.		Mouton.		Cochon.		Foin.		Paille.	
	f.	c.	fr.	c	f	c.	f.	c.	f.	c.	f.	c.	f.	c.	c.	c.	f.	c	f.	c.	f.	c.	f.	c.	f.	c.	f.	c.	f.	c.
Angoulême	25	65	16	48	15	0	0	0	11	50	9	36	28	61	45	37	1	60	1	30	2	0	1	90	1	50	6	0	8	50
La Rochefoucauld	0	0	0	0	0	0	0	0	0	0	0	0	0	0	0	0	1	60	1	50	1	80	1	70	1	40	5	52	7	24
Rouillac	23	19	0	0	0	0	10	83	9	74	7	49	0	0	45	38	1	80	1	50	2	0	1	80	1	60	0	0	0	0
Aubeterre	0	0	0	0	0	0	0	0	0	0	0	0	0	0	45	36	1	40	1	40	1	60	1	80	1	40	0	0	0	0
Baignes	26	0	0	0	0	0	0	0	8	0	10	0	0	0	45	37	0	0	0	0	1	80	1	75	1	70	7	0	6	0
Barbezieux	25	0	0	0	0	0	0	0	11	0	9	25	0	0	43	38	1	50	0	0	1	80	1	80	1	40	5	0	5	0
Chalais	24	50	0	0	0	0	0	0	14	0	10	0	0	0	40	32	1	40	0	0	1	60	1	60	1	60	0	0	0	0
Châteauneuf	25	0	0	0	0	0	0	0	11	0	8	0	0	0	41	37	2	0	1	50	2	0	2	0	2	0	6	0	6	0
Cognac	25	0	0	0	0	0	0	0	11	0	9	0	0	0	43	37	2	0	1	50	2	0	2	0	2	0	6	0	6	0
Jarnac	0	0	0	0	0	0	0	0	0	0	0	0	0	0	43	37	2	0	1	50	2	0	2	0	2	0	6	0	6	0
Chabanais	25	0	15	0	13	0	0	0	10	0	9	50	26	0	46	36	0	0	1	50	1	50	1	90	1	20	5	0	5	0
Confolens	0	0	0	0	0	0	0	0	0	0	0	0	0	0	45	36	1	50	1	50	1	50	1	50	1	50	0	0	0	0
Saint-Claud	24	91	0	0	0	0	9	0	9	50	8	22	0	0	46	38	1	70	1	60	1	90	1	90	1	30	0	0	0	0
Aigre	24	29	19	15	0	0	10	30	10	20	7	68	0	0	45	38	1	60	1	60	2	0	1	70	1	70	5	0	5	0
Mansle	24	80	0	0	0	0	9	0	10	0	8	25	0	0	41	36	1	60	1	60	1	80	1	80	1	70	6	0	8	0
Ruffec	26	75	0	0	0	0	9	0	11	50	7	75	0	0	41	35	1	60	1	60	1	60	1	90	1	70	0	0	0	0

EXTRAIT

DES PROCÈS-VERBAUX

DES SÉANCES

DE LA SOCIÉTÉ D'AGRICULTURE

SCIENCES, ARTS ET COMMERCE DU DÉPARTEMENT DE LA CHARENTE

SÉANCE DU 15 JUILLET 1872.

PRÉSIDENCE DE M. DE THIAC,

PRÉSIDENT.

La séance est ouverte à midi et demi.

Le procès-verbal est lu et adopté.

M. le Président soumet à l'assemblée les présentations suivantes : M. Marchal, secrétaire général de la préfecture de la Charente, présenté par le bureau ; M. Isambert, propriétaire, présenté par M. Isambert, son frère, ancien conseiller de préfecture de la Gironde, et par M. Ducoux, de Mansle.

M. le Président dit qu'il sera statué sur ces deux présentations dans la prochaine séance.

M. le Président donne ensuite lecture d'un rapport où il passe en revue les questions suivantes : *le concours d'animaux gras de 1873 ; — l'impôt sur les bouilleurs de crû ; — la peste bovine ; — le phylloxera-vastatrix ; — le transport des vins ; — la statue de Marguerite de Valois ; — sur la bibliothèque et sur nos* Annales.

Sur la question des bouilleurs de crû, M. Adh. Sazerac de Forge vice-président, dit que le ministre se fait illusion sur l'efficacité de l'exercice. On aura apporté une entrave de plus à la propriété ; on aura suscité les plaintes et les récriminations d'un public habitué à jouir et disposer librement du produit de son travail, en temps qu'il ne l'avait pas encore aliéné ou qu'il n'en avait pas disposé au profit d'un autre ; mais la pratique ne tardera pas à démontrer que l'exercice ainsi entendu est inapplicable et qu'il ne procurera au Trésor aucune ressource appréciable. Au point de vue du vinage, M. le Vice-Président ose espérer que l'Assemblée nationale repoussera un amendement proposé par un groupe de représentants, lequel amendement aurait pour but de ramener à 25 francs par hectolitre d'alcool employé au vinage le droit actuel de 150 francs. Ce droit au vinage constituerait un véritable privilége au profit de quelques-uns en un temps où plus que jamais il faut respecter le principe d'égalité dans les conditions de la lutte.

Après quelques observations de MM. Machenaud et du Maroussem, l'assemblée vote l'impression du rapport de M. le Président dans ses *Annales.*

La séance est levée à deux heures après midi.

Le Secrétaire général,

Clément Prieur.

SÉANCE DU 16 AOUT 1872.

PRÉSIDENCE DE M. DE THIAC,

PRÉSIDENT.

La séance est ouverte à midi.

M. le Président fait déposer sur le bureau la carte géologique de la Charente de M. Coquand, dont la donation, conformément au vœu exprimé par la Société dans une de ses précédentes séances, a été faite à la Société par M. le préfet du département, au nom du conseil général.

Cette carte, que M. le Président a fait relier à ses frais, sera placée dans la salle des séances, où chaque membre de la Société pourra la consulter.

M. le Président annonce également que M. le préfet a fait adresser à la Société, sur sa demande, les deux volumes de M. Coquand. Ils viennent, après avoir été reliés, d'être déposés dans la bibliothèque.

M. le Président donne ensuite lecture de son rapport mensuel, qui est écouté avec intérêt et dont l'impression dans les *Annales* est votée par la Société.

A propos du vinage, M. Laroche-Joubert, ancien député, dit incidemment que nos vins pénètrent de plus en plus dans la consommation parisienne. L'honorable membre pourrait citer tel hôtel de la capitale où ce vin se consomme à l'ordinaire à l'exclusion de tout autre.

M. Machenaud ajoute que nos vins sont toujours supérieurs aux vins de coupages livrés à la consommation par le commerce de Paris ; que nos vins gagneraient surtout à n'être livrés au commerce qu'après avoir reçu les soins élémentaires que tout vigneron soucieux de ses intérêts bien compris ne manque jamais de leur donner, et qu'enfin la période la plus favorable à leur consommation, celle où ils peuvent être le mieux appréciés et bus avec le plus d'avantages, c'est à l'âge de deux à trois ans.

M. Dériveau demande à M. le Président la permission de dire quelques mots sur une question qui intéresse au premier chef notre agriculture charentaise. Il s'agit de la question du bail à colonage. M. Dériveau a fait sur cette question des recherches suivies ; il a compulsé les dossiers de commissions qui ont fonctionné à des époques antérieures, et il a déjà résumé en des pages assez nombreuses le fruit de ses recherches et de ses observations. L'honorable membre espère avoir achevé son travail pour la rentrée prochaine de la Société, et il se propose de le présenter à l'assemblée de novembre, si l'on juge utile de l'entendre.

M. le Président remercie l'honorable M. Dériveau de sa communication. L'intérêt qui s'attache aux travaux antérieurs du jurisconsulte et de l'économiste témoignent à l'avance de l'accueil favorable réservé par la Société à l'étude annoncée.

M. Beirand réclame la parole pour donner quelques indications sur les moyens de propagation qui lui semblent de nature à favoriser le progrès agricole. Il se plaît à rendre justice aux efforts faits par la Société dans la voie qu'il indique, et il a observé que les populations ne sont pas restées indifférentes à son action. Cependant, il est constant que l'usage de certains instruments perfectionnés n'est pas assez général dans notre département. Jusqu'ici nos concours ont mis en évidence les charrues perfectionnées ; les autres instruments de ferme ont fait leurs preuves, et si nous marchons lentement, du moins peut-on constater le chemin déjà parcouru. Mais en ce qui concerne la moisson, cette opération si lente chez nous et qu'il est si important de faire si vite, où est le progrès? Nous en sommes toujours à l'antique faucille, et les préjugés contre la faux sont tellement enracinés que son emploi ne peut réussir nulle part. Il y a là autre chose que de la mauvaise volonté de la part de nos ouvriers agricoles, il y a de l'ignorance. Il faut vaincre l'une et l'autre par la pratique et par l'expérience. M. Beirand propose donc à la Société d'organiser pour l'an prochain un concours de moissonneuses.

M. le Président dit qu'il est heureux que l'occasion se présente ainsi de mettre à exécution un projet qu'il nourrit depuis longtemps. Il se propose d'organiser, l'année prochaine, à l'époque de la moisson, une petite fête agricole sur son domaine de Puyréaux. Alors il invitera ses collègues à s'y rendre et à y amener leurs domestiques, afin d'apprendre à ces derniers la manière de se servir d'un instrument qui lui rend depuis bien des années des services remarquables.

L'ordre du jour appelle la discussion du programme du concours d'animaux gras pour 1873. Après quelques modifications, ce programme est adopté et sa publication remise aux soins du bureau de la Société.

Il est procédé ensuite à l'élection de MM. Marchal et Isambert, proposés dans la dernière séance pour faire partie de la Société. Ces messieurs ayant réuni la majorité des votes exprimés sont proclamés membres de la Société.

Rien n'étant plus à l'ordre du jour, la séance est levée à deux heures après midi.

Le Secrétaire général,

CLÉMENT PRIEUR.

RAPPORT

DE

M. LE PRÉSIDENT DE LA SOCIÉTÉ D'AGRICULTURE

DE LA CHARENTE

A LA SÉANCE DU 15 JUILLET 1872

MESSIEURS,

Vous apprendrez avec intérêt que la Société centrale d'agriculture de France, dans sa séance du 26 juin dernier, a nommé comme membre correspondant pour le département de la Charente M. Clément Prieur, secrétaire général de notre Société.

J'ai reçu le même honneur il y a plusieurs années, et je m'applaudis de ce nouveau titre de confraternité qui me rapproche de M. Clément Prieur, dont la Société a pu apprécier le zèle et le talent.

Nous pourrons ainsi, Messieurs, nous tenir au **courant**, pour vous en faire profiter, de tous les faits agricoles qui, de la France ou de l'étranger, viennent converger dans la Société centrale.

CONCOURS D'ANIMAUX GRAS.

Nous sommes heureux d'avoir à porter à votre connaissance que la députation de la Charente m'a fait savoir, par l'organe de l'honorable M. Mathieu-Bodet, que, voulant encourager le concours d'animaux gras qui se tiendra à Angoulême dans le courant du mois de février 1873, elle donnerait un prix d'honneur de 500 fr.

D'un autre côté, M. le comte H. de La Rochefoucauld, ancien ministre plénipotentiaire, qui réside au milieu des grands souvenirs de Verteuil, qu'il a ravivés avec autant d'art que de goût, et que la Société se félicite de compter parmi ses membres les plus éminents, a généreusement offert pour le même objet une grande médaille d'or.

Nous sommes autorisés à compter sur d'autres médailles d'or et sur une subvention de M. le ministre de l'agriculture.

Probablement aussi le conseil municipal de la ville d'Angoulême et le conseil général du département répondront favorablement à notre appel.

Ces ressources, jointes à celles que la Société fournira de ses deniers, permettront de distribuer d'importantes récompenses. Le programme ne tardera pas à être publié.

Nous faisons donc appel à tous ceux qui s'occupent de l'engraissement et qui livrent à la boucherie les plus beaux types, particulièrement aux cantons de La Rochefoucauld et de Montbron, qui jouent un si grand rôle dans cette partie de la fortune charentaise.

Le concours récompensera soit des bœufs ou vaches isolés, soit des bandes de quatre bœufs ou vaches.

Il récompensera également les porcs, soit qu'ils appartiennent à la race du pays, soit qu'ils proviennent de croisements de races anglaises.

On a sous les yeux le dessin d'un porc couronné à Poissy. C'est un excellent modèle à suivre.

Quant aux moutons, les éleveurs ont encore sous les

yeux les beaux types couronnés à Poissy, et qui ont appartenu à M. le comte de Bouillé, frère de notre très estimé et ancien collègue.

Les races de volailles de Barbezieux et de Blanzac, et si justement appréciées, devront y figurer.

Le beurre y sera également accueilli, et il faut que nos ménagères s'habituent à le faire avec soin et propreté.

En résumé, Messieurs, nous voudrions élever ce concours, si utile à l'alimentation publique, à la hauteur d'une institution nationale, et nous demandons à tous de nous aider dans l'accomplissement de cette œuvre.

Un concours d'animaux gras offrant de nombreux et beaux types révèle une agriculture prospère et en voie de progrès.

SUR LES BOUILLEURS DE CRU.

La pensée qu'on avait eue d'abord de frapper d'un impôt les bouilleurs de crù et qui avait été depuis abandonnée est reprise aujourd'hui.

Le *Journal officiel* du 8 courant contient le projet de loi présenté par le gouvernement, renvoyé à la commission du budget, et d'où résulterait ce qui suit :

« 1° Tout détenteur d'appareils propres à la distillation « d'eaux-de-vie ou d'esprits est tenu de faire au bureau de « la régie une déclaration énonçant le nombre et la capa- « cité de ses appareils.

« 2° Les bouilleurs et distillateurs qui mettent en œuvre « des matières premières provenant exclusivement de leur « récolte demeurent exempts de la licence; ils sont affran- « chis du paiement de l'impôt général sur les eaux-de-vie « et esprits produits et consommés sur place, dans la limite « de 20 litres d'alcool par année, et ils cessent d'être sou-

« mis aux visites et vérifications des employés de la régie
« dès qu'ils n'ont plus en compte que de l'alcool exempt ou
« libéré de l'impôt.

« Sous ces réserves, la législation relative aux distilla-
« teurs de profession est rendue applicable aux bouilleurs
« de crû. »

Ce nouvel impôt ne rendra pas ce que le gouvernement
paraît en espérer.

Il y avait autrefois dans la Charente un très grand nombre de bouilleurs de crû, mais une transformation s'est
opérée pour nos produits viticoles.

Lorsque nous étions absolument privés de débouchés, les
propriétaires distillaient eux-mêmes leurs récoltes ; mais
depuis que les chemins de fer ont facilité nos transports et
nos transactions, nos vins ont été appréciés comme vins de
table et nos expéditions se multiplient pour Paris, pour
Bordeaux et pour l'étranger, et même pour les colonies.

Le producteur a intérêt à cette transformation, et certainement elle est également favorable au gouvernement et
aux intérêts généraux du pays.

Nos transactions s'augmenteront encore lorsque nous
donnerons de meilleurs soins à nos vins, lorsqu'on ne les
renfermera plus dans des fûts déplorables de saleté, avec
des bondes enveloppées d'un linge séculaire, lorsque les vins
seront placés dans des lieux isolés et convenables, en dehors
des étables, où ils sont souvent confondus avec les bestiaux
et les fumiers, supportant ainsi une chaleur malsaine.

Ce défaut de soins était atténué lorsque nos vins étaient
soumis à la distillation ; mais aujourd'hui il y a un impé-
rieux devoir à modifier cet état de choses, et on ne saurait
mieux faire que d'emprunter à Bordeaux ses fûts et ses mer-
veilleux procédés de vinification.

Sur la proposition de notre honorable vice-président, M. Adhémar Sazerac de Forge, la Société a, dans une délibération, développé les inconvénients de l'impôt nouvellement proposé, et nul doute que la députation de la Charente, dont nous connaissons le dévouement, ne s'en rende l'interprète auprès de la commission du budget.

Le résultat éphémère de cet impôt ne justifiera pas le trouble apporté dans cette nature d'industrie.

PESTE BOVINE.

Le typhus contagieux des bêtes à cornes peut enfin être considéré comme éteint.

En effet, M. le ministre de l'agriculture fait savoir par le *Journal officiel* que, d'après une dépêche de M. le préfet du Nord, en date du 6 juillet courant, il ne s'est produit aucun cas de peste dans ce département depuis le 13 juin dernier; aucune manifestation nouvelle de l'épizootie n'est également signalée dans les divers autres départements envahis.

La peste bovine aura coûté à l'agriculture française près de 57,000 animaux abattus, d'une valeur totale approximative de plus de 15 millions.

LE PHYLLOXERA-VASTATRIX.

Si la peste bovine disparaît, il n'en est pas de même du phylloxera-vastatrix, qui étend chaque jour ses ravages dans l'Hérault, dans le Gard et d'autres contrées, et l'on constate avec douleur l'inefficacité des moyens proposés pour le détruire.

Le phylloxera-vastatrix, qui vient de se révéler en Hongrie, en Portugal, semble multiplier son œuvre de destruction. Nous pouvons remercier Dieu d'en avoir préservé jus-

qu'à ce jour la Charente; du moins aucun fait de son existence ne nous a été signalé.

Mais si on remarquait un arrêt manifeste de végétation
sur plusieurs vignes, il serait à craindre que le phylloxera
ne fût là.

Nous demandons alors qu'on veuille bien en donner avis
à la Société, l'intérêt public s'y rattache.

Les gardes champêtres, dans leurs courses, pourraient
en faire l'objet de leur surveillance particulière.

SUR NOS TRANSPORTS DE VINS.

On nous a signalé d'importants déficits dans les barriques
de vins qui sont expédiées à Paris.

Quelque soin qu'on mette à remplir une barrique au
moment du départ, un déficit naturel s'opère toujours, mais
il est minime et ne peut prendre certaines proportions que
par le résultat de fuites ou d'infidélités, et on m'a montré
des bondes qui, placées sous une plaque en zinc, ont été
clandestinement percées.

En quel lieu le délit est-il commis? Il est difficile de le
savoir.

Mais je viens d'appeler l'attention de M. le directeur général de la compagnie d'Orléans, ainsi que celle de l'honorable M. Mathieu-Bodet, qui fait précisément partie de la
commission d'enquête sur les chemins de fer.

Il faut que ces infidelités prennent fin.

On doit convenir que nous sommes peu favorisés pour nos
productions viticoles. Elles sont enveloppées de toutes parts
par des impôts onéreux, et de plus soumises à des pertur-
bations multipliées par le défaut d'abri dans les gares, par
les procédés défectueux des transports, et de plus par les
infidélités que je signale.

Ne cessons de réclamer que lorsqu'une complète satisfaction nous sera donnée.

STATUE DE MARGUERITE D'ANGOULÊME.

Ainsi que je l'ai annoncé dans notre dernière séance, la statue de Marguerite d'Angoulême, due au ciseau d'un artiste éminent, ne tardera pas à arriver, et le comité de souscriptions, dont j'ai l'honneur d'être le vice-président, décidera avec l'administration locale la place qu'il conviendra de lui donner.

En attendant, le comité a demandé qu'une médaille d'or fût décernée au nom des souscripteurs à l'habile statuaire.

Vous voudrez voir, Messieurs, cette médaille d'or, et je la dépose à cet effet sur le bureau.

Elle porte d'un côté :

A BADIOU DE LA TRONCHÈRE,

SCULPTEUR,

POUR SA STATUE

DE MARGUERITE D'ANGOULÊME.

Et de l'autre côté :

HOMMAGE

DES SOUSCRIPTEURS DE LA CHARENTE.

1872.

En votant cette médaille, je n'ai songé qu'à être votre interprète.

SUR NOTRE BIBLIOTHÈQUE ET NOS ANNALES.

Nous avons cherché à réunir dans les deux corps de bibliothèque que vous avez sous les yeux les livres qui vous appartenaient et qui étaient épars.

On ne peut s'expliquer que depuis soixante ans on ait laissé de nombreux volumes s'égarer, et particulièrement vos propres *Annales*, votre propre histoire.

C'est une lacune bien regrettable, et nous demandons de nouveau à nos collègues de nous apporter les volumes dépareillés qu'ils pourraient avoir. C'est un grand service qu'ils rendraient à notre Société.

Il importe en effet, Messieurs, à notre Société de témoigner de la grandeur de sa mission; si elle doit encourager l'agriculture dans toutes ses productions variées, elle doit aussi songer à tout ce qui est de nature à développer l'intelligence, l'instruction et le goût délicat des choses de l'esprit.

LE CONCOURS RÉGIONAL DE BERGERAC

PAR

. M. Clément PRIEUR

Au milieu de ce mouvement inaccoutumé qui a fait de la
ville de Bergerac, durant une semaine, la capitale agricole
de toute une région, vous distinguiez sans effort, parmi la
population locale, un sentiment d'urbanité qui vous mettait
à l'aise et vous conviait à l'abandon. Ce n'est pas chose si
facile que beaucoup se l'imaginent que de se montrer hos-
pitalier. Il est des gens à qui ce rôle convient peu par nature
et qui ont toujours l'air, quoi qu'ils fassent ou quoi qu'ils
disent, de spéculer sur votre amitié. Vous connaissez de ces
gens-là, j'en connais aussi, et j'espère que nous serons d'accord pour convenir ensemble que l'on ne fonde rien de bien
solide ni de très agréable sur ces relations dont le cœur
semble par trop se désintéresser. Eh bien ! ce qui est vrai
pour les individus l'est aussi pour les agglomérations : nous
avons nos cités hospitalières et celles qui le sont moins.
En voulez-vous une preuve nouvelle ? la voici : lorsque
le chef-lieu du département de la Dordogne jugea qu'un
concours régional c'était bon pour *l'ancien régime*, et qu'à
Périgueux on avait bien autre chose à faire, ma foi ! que d'y

honorer l'agriculture, Bergerac mit, sans hésiter, à la disposition du ministre sa caisse et sa bonne volonté, deux choses que l'on ne refuse jamais quand on a l'honneur de parler et d'agir au nom de l'intérêt public.

Vous me direz que l'argent dépensé à propos est toujours productif de gros intérêts, et que ce qui est sorti de la caisse municipale de Bergerac est retombé en pluie d'or dans la poche des habitants. Eh ! sans doute ; mais encore faut-il se féliciter qu'il se soit trouvé à Bergerac des gens pour le comprendre ; sans quoi, je vous le demande, où donc les concurrents de la région seraient-ils allés poser leurs tentes dans ce beau pays de Périgord, si avide d'enseignements utiles pourtant et si accessibles, ainsi que vous le verrez dans la suite, aux idées de progrès dans toutes les branches de la science agricole ?

Il y avait bien quelques inconvénients à transporter le concours dans une ville encore privée de voies ferrées, et c'est vraiment un trait d'audace de l'avoir tenté. Mais la Dordogne n'est-elle pas navigable depuis Carlux jusqu'à son embouchure dans la Garonne ? Les embarcations ne sont-elles pas nombreuses sur la rivière, et les quais de Bergerac ne sont-ils pas d'un accès facile à toute époque de l'année ? D'ailleurs, on établira entre Castillon et Bergerac, d'une part, et Bergerac et Mussidan, de l'autre, un va-et-vient de voitures publiques qui desserviront les points extrêmes, et, de la sorte, Bergerac deviendra accessible à tous ceux qu'un intérêt quelconque portera à visiter le concours.

Tout cela demandait beaucoup d'intelligence et d'énergie. Or, il se trouva que le premier magistrat de Bergerac, l'honorable M. Gouzot, une vieille connaissance que nous avons été particulièrement heureux de retrouver maire de sa ville natale, possédait ces deux qualités maîtresses qui sont les premiers éléments du succès. Il obtint le concours et le réussit.

Il faut dire qu'à Bergerac tout le monde a fait son devoir.

Le conseil municipal, après le vote d'une première somme jugée nécessaire, avait ouvert à son maire un crédit qui n'avait de limites que la prudence bien connue de ce dernier et son habileté dans la gestion des deniers publics, et les deux adjoints, MM. Blanc et Fourgeaud, ont largement payé de leurs personnes dans les travaux d'organisation et dans les soins de toute nature qu'exigent ces grandes exhibitions.

Le concours était établi sur le plateau de la ville, au milieu de la place principale, plantée de beaux arbres, dont l'ombrage protégeait les boxs des ardeurs du soleil. Le magnifique canal qui alimente la ville et qui fournit à ses nombreuses usines sa force motrice limite cette place sur un de ces côtés, et contribuait puissamment à rendre aux animaux l'attente moins dure en permettant aux panseurs de leur distribuer dans de larges proportions l'eau qui leur était nécessaire. Mais ce canal, qui arrive par le haut de la ville de Bergerac et qui coule sous les places, les rues et les maisons de la ville, pour reparaître partout où il y a un service à rendre, vaut bien la peine qu'on lui consacre une petite digression. Il fut creusé sur une longueur de trois kilomètres par les moines qui possédaient jadis à Bergerac des établissements considérables ; des prises d'eau habilement ménagées permettent d'irriguer, à droite et à gauche, aux abords de la ville, de grands espaces où se fait remarquer une végétation luxuriante ; il met en mouvement des minoteries importantes, fournit à de nombreuses tanneries et projette çà et là, au coin des rues et sur les places publiques, une eau limpide qui satisfait aux besoins des ménages, ou bien qui court les rues en répandant dans la ville la fraîcheur et la salubrité. Voyez-vous la précieuse, assise au bord de la colline, se baignant les pieds dans la Dordogne et recevant sa douche ?... Oh ! si l'hyperbole était de saison !...

L'exposition de l'espèce bovine était très remarquable, par la qualité surtout des animaux exposés. La race limousine était représentée par des types d'une beauté de formes qui chez quelques-uns ne laissait rien à désirer. Il est évident que de grands efforts sont tentés dans la Haute-Vienne pour conserver à la race toute sa pureté. Les éleveurs de ce département ont reçu à Bergerac un commencement de récompense en enlevant, à peu de chose près, tous les prix affectés à cette catégorie. Qu'ils répandent autour d'eux les enseignements et que leurs animaux fassent souche, il leur restera de plus la satisfaction d'avoir rendu service à leur pays. C'est une récompense que se doit à soi-même celui qui voit dans les concours autre chose qu'une question d'amour-propre ou d'argent, et c'est la plus grande de toutes.

Un concurrent, M. Paturet, de Limoges, avait exposé six animaux de race limousine pure, dont cinq ont été primés. M. Paturet a obtenu, en outre, le prix d'ensemble attribué à la première catégorie.

Un autre éleveur de la Haute-Vienne, M. Javerdat-Fombelle, de Magnac-Laval, a obtenu le prix d'ensemble des races, autres que la race limousine, pour ses six animaux croisés durham, tous primés dans leurs sections.

Viennent ensuite, parmi les lauréats qui ont eu le plus de succès, MM. Branthôme, pour les races parthenaises et nantaises ; Dubreuil, Arnaud et Montagut, pour la race durham.

La race ovine était représentée par de nombreux lots,

9

parmi lesquels se distinguaient quelques croisements plus ou moins réussis. La bonne race du Poitou a enlevé la plupart des prix affectés aux races françaises pures. Les races étrangères ont en M. Réjou, de Mayac, un propagateur zélé dans·la Dordogne. Ce concurrent a facilement enlevé les premiers prix dans sa catégorie.

L'exposition de l'espèce porcine était très variée, depuis le goret au long museau, à l'échine de sanglier, du Périgord, jusqu'au porc anglais, aux membres frêles, aux courtes oreil·les, au museau raccourci et au corps cylindrique, en passant par les croisements de ces diverses races entre elles, et jusqu'au petit siamois, dont une main amie avait décoré l'épaisse encolure et dont la gentillesse faisait oublier le cochon. Faites du porc anglais, dirons-nous aux exposants, faites du porc anglais ! Demandez du Manchester, demandez du Berkshire, et ne conservez des grouins du Périgord que juste ce qui est nécessaire pour chercher vos truffes.

Parmi les concurrents heureux, nous devons signaler M. le vicomte de Traversay, qui a obtenu six premiers prix dans la 4e catégorie (animaux de basse-cour) et qui de ce chef a obtenu un prix d'ensemble.

Les produits agricoles occupaient, en face d'une pelouse décorée avec art par MM. Perdoux, de Bergerac, un gracieux·pavillon où étaient groupées les collections les plus remarquables des produits si variés de la région : les céréales, les racines et les tubercules, les fruits et les soies, les laines, les tabacs, etc., etc. Il existe à Bergerac deux beaux établissements d'horticulture qui se disputent la faveur du public et dont les expositions ont été très appréciées. Celle de M. Dumas, plus nombreuse d'ailleurs, était, en outre, ornée de ceps magnifiques chargés de beaux et nombreux raisins. Il a eu une médaille d'or. Entre deux exposants de mérite à peu près égal, une nuance, un rien détermine la préférence. L'exposition horticole de MM. Perdoux frères, leurs plantes rares, leurs arbres dirigés et dressés sous toutes les formes indiquent chez eux des connaissances étendues de leur profession. Ils ont eu une médaille d'argent pour leur collection de fruits et une médaille de vermeil pour leurs plantes d'ornementation qui décoraient les pelouses.

Passons aux instruments, qui occupent une longue avenue transversale, et qui sont rangés avec ordre, en deux lignes parallèles, sur une étendue de deux à trois cents mètres : ici, l'outillage complet du maître de chai ; là, une série de bascules pour tous les usages, de M. Duru, de Bordeaux ; les coupe-racines, de M. Paulvé, de Troyes ; les tarares, les concasseurs et les hache-paille, du même ; plus loin, la famille, au grand complet, des fouloirs et des pressoirs ; puis une collection considérable de charrues, de houes, d'extirpateurs, de herses, etc., etc. Le pressoir de M. Mabile, d'Amboise, et le pressoir Samain, si avantageusement connu, exposé par M. Gouguet, se sont disputé la médaille d'or, qui est restée, en fin de compte, à celui de M. Mabile, en raison de la simplicité de son mécanisme : un levier agissant alternativement sur deux bielles au moyen de clavettes à échappement.

M. Tritschler, de Limoges, a obtenu les premiers prix de charrues et de herses ; Mme Mothes, un premier prix pour son scarificateur ; M. Primat, un premier prix pour sa houe et un premier prix pour son tarare.

Presque toujours, à côté d'une culture nouvelle vient se placer une industrie qui s'empare d'une partie de ses bénéfices en retour des services qu'elle lui rend. Naguère encore, dans le Lot-et-Garonne et départements circonvoisins, on séchait au four les prunes dites d'*Agen*, dont il se fait en France un débit si considérable. Cette opération délicate exigeait beaucoup de temps et beaucoup de soins ; les prunes revenaient jusqu'à six ou sept fois au four avant d'avoir acquis un degré de dessiccation satisfaisant ; au moyen des étuves à prunes, on arrive à ce résultat en douze heures avec une précision et dans des conditions de réussite en quelque sorte mathématiques. Le concours des étuves à prunes a beaucoup intéressé le jury chargé de l'examen des machines et instruments, à la tête duquel se trouvait l'éminent M. Barral. La médaille d'or a été décernée à M. Bournel, de Monflanquin (Lot-et-Garonne).

Nous terminerons ici notre examen rapide du concours. D'autres préoccupations nous ramènent en ville. Nous venons de constater les faits, il serait instructif de remonter aux causes. Croyez-vous que les choses vont ainsi de l'avant fortuitement et comme au hasard ? Partout où vous voyez un progrès accompli, cherchez l'homme qui l'a provoqué ; il a fait quelques pas de plus que vous dans la voie, il l'a creusée ou élargie ; s'il n'est pas au but encore, il l'entrevoit du moins ; il vous montrera les écueils à éviter, les obstacles à surmonter ; si vous êtes jeune et intelligent, il vous restera quelques chances de compléter l'œuvre ébauchée, d'atteindre le but. Mais dépêchez-vous, car la vie est courte, et c'est le plus souvent à son déclin que le néant de notre existence nous révèle l'inutilité de nos efforts. Si ce progrès prend un caractère plus général, fouillez les groupes, cherchez dans les foules et vous y découvrirez les intelligences qui les dirigent.

Aussi bien il n'y avait pas longtemps à chercher à Bergerac, car ses édiles avaient compris que leur œuvre ne serait pas complète si, après avoir permis aux produits de la ré-

gion de se grouper, ils ne ménageaient aux hommes les oc-
casions de se voir, de se reconnaître et de faire échange de
leurs idées et de leurs observations.

Ainsi, chaque soir, dîners et réceptions chez le maire,
M. Gouzot, et chez le sous-préfet, M. Gellion-Danglar. Séance
de la Société d'agriculture de la Dordogne le 31.

La veille, nous avions assisté à la conférence de M. Barral
dans la salle d'audience du palais de justice. Pendant les
deux heures qu'il a occupé l'estrade, l'éminent chimiste-
agronome a tenu son auditoire sous le charme d'une impro-
visation savante et instructive. Il a fait le tableau de l'agriculture de la Dordogne ; il a parlé des engrais chimiques,
des services qu'ils sont susceptibles de rendre par un emploi judicieux dans les diverses cultures, mais aussi des
dangers de cette théorie qui aurait la prétention de vouloir
substituer leur usage à celui du fumier de ferme, qui restera,
quoi qu'on dise, le type.

L'orateur a été fort applaudi lorsque, parlant des bienfaits
de l'instruction en général, il a montré la nécessité de la
répandre parmi nos populations rurales, l'agriculture exi-
geant de ceux qui s'en occupent des connaissances très variées. M. Barral a parlé de l'absentéisme pour le blâmer, de
la désertion des campagnes pour la déplorer ; cependant il
s'est plu à constater qu'un revirement s'opère dans les esprits ; l'agriculture revient en honneur, les capitaux et les
intelligences commencent à lui revenir. Il cite à l'appui de
cette opinion « le bon exemple d'une ville, celle de Bergerac,
administrée par une municipalité d'agriculteurs. » Ces dernières paroles ont soulevé les bravos de l'assemblée.

Nous allons quitter Bergerac, mais attardons-nous un peu
sur le sol périgourdin, si fécond en enseignements utiles.
La Dordogne cultive la vigne avec succès ; les coteaux de

l'arrondissement de Bergerac, ceux de Montbazillac notamment, produisent des vins de dessert renommés ; ses bons vins rouges sont également assez connus pour nous dispenser d'en parler davantage. Ce qui nous a le plus frappés dans notre course rapide à travers la contrée et dans nos rapports avec quelques agriculteurs distingués du Périgord, c'est la variété des cultures et l'esprit d'initiative des habitants. Ainsi, outre les vins et les céréales, on y cultive avec succès le tabac et les vers à soie ; la culture des prunes de conserve y est en progrès constants, et M. Barral nous citait ce fait qu'un agriculteur avait réalisé, l'année dernière, une somme de 4,500 fr. provenant de la vente du produit de mille pruniers répandus dans ses vignes.

On fait peu de soie dans le Périgord ; on y cultive surtout la graine, qui est très recherchée, parce que les vers qui en proviennent sont exempts de maladie. M. Bonnefond, le lauréat de la médaille d'or, réalise de ce chef un revenu qui varie de 6 à 10,000 fr., avec une dépense de 1,000 fr.

La culture du tabac prend chaque jour plus d'extension. Elle a été autorisée dans un grand nombre de communes depuis l'extorsion de l'Alsace et de la Lorraine. Partout on apporte dans cette culture les plus grands soins et la plus minutieuse exactitude. Cela en vaut bien la peine, car le produit en argent, par hectare, peut s'élever jusqu'à 3,000 francs.

La production totale du département a été, en 1871, de 2,800,000 kilogrammes, récoltés par 10,000 planteurs. En portant le prix moyen payé par la régie à 88 fr. les 100 kil., cela fait un revenu brut pour 1871 de 2,464,000 fr.

Ainsi que nous venons de le dire, le revenu par hectare peut s'élever jusqu'à 3,000 fr., il ne descend jamais au-dessous de 1,500 fr. Ce dernier chiffre est encore très rémunérateur, puisque les frais de culture varient de 600 à 800 fr.

Nous possédons sur la culture du tabac d'autres indications qu'il serait hors de propos de développer dans ce compte-rendu. Nous en avons dit assez peut-être pour en faire apprécier l'importance et pcur exciter le zèle de ceux qui sont en position d'en procurer le bénéfice à notre agriculture charentaise.

Il faut bien en finir pourtant, il n'y a rien que nous redoutions plus que la longueur. Cependant qu'on nous permette de jeter, avant de quitter ce terrain, le coup d'œil du voyageur que d'autres soins appellent, mais dont la course est ralentie par les regrets de la séparation. Nous nous apercevons, après tout, que nous allions oublier quelqu'un dans cette revue des choses et des hommes qui ont le plus activement contribué au succès du concours.

L'honorable M. Lembezat, inspecteur général de l'agriculture, a apporté dans l'organisation et dans la surveillance du concours un esprit de concorde et une aménité de formes qui lui ont valu les justes hommages des jurés et des exposants.

L'action de M. Lembezat se fait sentir partout, et cependant on pourrait presque dire que l'on ne voit sa main nulle part. Il est toujours présent lorsqu'il y a un litige à vider ou un avis à demander, et les hommes d'initiative recherchent son appui.

M. Lembezat excelle à organiser et se complaît à laisser la plus large part aux initiatives individuelles. Agir, puis s'effacer, c'est une double maxime que trop peu de fonctionnaires publics ont apprise pour que nous ne louions pas ceux qui la mettent en pratique. lorsque nous les trouvons sur notre chemin.

UN NOUVEAU

MÉLANGE DE MATIÈRES FERTILISANTES

POUR ENGRAIS

Dans une des dernières séances tenues par la Société centrale d'agriculture du Pas-de-Calais, M. Pagnoul s'est occupé des résidus de fabrique pouvant servir d'engrais. Le mélange qu'il enseigne mérite une très sérieuse attention. Le conseil qu'il donne ne sera pas, nous l'espérons, un conseil platonique destiné à ne pas franchir les bornes de la simple théorie. Il mérite, sous tous les rapports, d'entrer dans le domaine de l'application.

« Nous avons analysé, dit M. Pagnoul, les eaux d'épuraration provenant de l'usine à gaz d'Arras, et elles nous ont donné 7 gr. d'azote par litre ou 700 gr. par hectolitre, ce qui représente pour une production moyenne de 9 hectolitres par jour 2,300 kil. d'azote, ayant au cours actuel une valeur de 6,900 fr., jetés chaque année à la rivière. On peut donc évaluer à une cinquantaine de mille francs l'azote ainsi perdu dans les usines de notre département.

« C'est qu'en effet l'extraction de l'ammoniaque des eaux d'épuration du gaz ne s'est faite jusqu'ici qu'au moyen d'appareils distillatoires dont l'installation exige un emplacement spécial et un capital important, de sorte que la fabrication du sulfate d'ammoniaqué, dont le prix s'est élevé de 35 à 65 fr., est aujourd'hui le monopole des grandes usines.

« Il serait cependant possible de fixer l'ammoniaque sans aucun appareil, en l'engageant dans une combinaison insoluble avec le phosphate de magnésie, par une réaction bien connue en chimie. Nous avons même dans notre département tous les éléments nécessaires à cette préparation : les nodules phosphatés maintenant exploités dans le Boulonnais et des dolomies qui existent également en grande abondance dans les environs de Marquise. Nous avons analysé trois échantillons de ces dolomies recueillis par nous-mêmes, l'un au hameau des Noces, près de Ferques, l'autre dans la tranchée du chemin de fer au nord du Haut-Blanc, le troisième près d'Enghen ; le premier nous a donné 39.7 0/0 de carbonate de magnésie, le second 37,1, le troisième 35,6. Il est probable que les usines qui viennent d'être créées pour l'exploitation des nodules phosphatés pourraient également fournir à très bas prix la dolomie à l'état de poudre impalpable. Il suffirait alors de recourir aux opération suivantes : mêler dans une cuve ou peut-être simplement dans un trou fait dans un sol argileux 35 kilog. de dolomie et 50 kil. de nodules phosphatés réduits en poudre, y ajouter 60 kil. d'acide sulfurique préalablement mêlé de 5 ou 6 fois son volume d'eau, laisser en contact pendant 12 ou 24 heures en agitant fréquemment la masse pour transformer la magnésie et la chaux en sulfates et le phosphate basique en phosphate soluble, puis ajouter peu à peu de 3 à 4 hectolitres d'eaux d'épuration, jusqu'à ce que le mélange colore en bleu le papier rouge de tournesol, laisser en contact pendant plusieurs jours en agitant fréquemment, abandonner au repos, décanter et laisser sécher la masse pâteuse sous un hangar. Nous présentons un échantillon de l'engrais ainsi obtenu en petit dans notre laboratoire. Il renferme 8 0/0 d'acide phosphorique, 49 de sulfate de chaux 1,2 d'azote. On sait que l'acide phosphorique des nodules est à peine assimilable, mais qu'il n'en est plus de même lorsque le phosphate a été préalablement dissous dans un acide, puis précipité de nouveau ; l'assimilation est alors facile et prompte, et on peut estimer à 0 fr. 75 c. au moins le kilogramme d'acide phosphorique dans cet état. Ainsi, en portant l'azote à 3 fr. et le sulfate de chaux à 2 c., on peut évaluer à 10 ou 11 fr. le prix des 100 kil. de cet engrais sec.

« Remarquons encore que l'on pourrait employer pour cette fabrication l'acide sulfurique qui a servi à l'épuration des huiles de colza. Ce liquide se trouverait, en effet, dans un état de dilution très convenable, et il n'est aujourd'hui qu'un produit gênant dont les fabricants se débarrassent comme ils le peuvent.

« Enfin, nous signalerons encore comme résidu de fabrique pouvant être utilement employé, la chaux qui provient de la préparation des lessives caustiques dans la fabrication des savons. Le grand état de ténuité de cette chaux carbonatée rendrait son action très efficace sur les terrains peu calcaires ; elle contient en outre 2 ou 3 pour 100 de potasse, évaluée dans les engrais à 70 c. le kilogramme. Elle serait surtout à essayer pour les légumineuses.

(La Vie des Champs.)

EXPÉRIENCES

RELATIVES A L'ACTION

DE DIVERS ENGRAIS EN COUVERTURE

SUR LES RÉCOLTES DE CÉRÉALES

M. de Kergorlay a donné lecture, dans une des dernières séances de la Société centrale d'agriculture de France, de la description de la suite des expériences qu'il a renouvelées en 1872 sur l'action de divers engrais en couverture sur les récoltes de céréales. Ce travail est conçu en ces termes :

« J'ai renouvelé en 1872, pour la cinquième fois, les expériences de répandre en couverture une légère fumure sur mes froments d'hiver. Au moment où je les fais herser, au commencement d'avril, ainsi que les années précédentes, j'ai mis de chaque engrais pour la somme de 100 fr. à l'hectare, en estimant mon fumier à 6 fr. le mètre cube, prix auquel j'en achète souvent chez les aubergistes de Saint-Lô.

« *1re expérience.* — Le terrain qui n'a point reçu de fumure, pour qu'il servît de terme de comparaison avec les terrains qui en recevraient, m'a donné 900 gerbes pesant 7,100 kilog., qui ont produit 27 hectol. 80 lit. de froment pesant 1,525 kilog., à raison de 73 kilog. 776 gr. l'hect., plus 5,575 kilog. de paille.

« *2e expérience*. — L'engrais spécial du mottet d'Argences, près Caen, m'a donné 900 gerbes pesant 7,400 kil., qui ont produit 31 hectol. 19 lit. pesant 2,250 kilog., à raison de 72 kilog. 130 gr. l'hectol., plus 5,150 kilog. de paille.

« *3e expérience*. — Mon fumier de ferme m'a donné 900 gerbes pesant 7,700 kilog., qui ont produit 30 hectol. 80 lit. pesant 2,250 kilog., à raison de 73 kilog. 50 gr. l'hectol., plus 5,450 kilog. de paille.

« *4e expérience*. — Le taffo de la compagnie chaufournière de l'Ouest m'a donné 1,100 gerbes pesant 8,400 kilog., qui ont produit 28 hectol. 80 lit. pesant 2,150 kilog., à raison de 74 kil. 652 gr. l'hectol., plus 6,250 kil. de paille.

« *5e expérience*. — Le noir fertilisant du mottet d'Argences, près Caen, m'a donné 1,000 gerbes pesant 7,300 kilog., qui ont produit 33 hectol. pesant 2,475 kilog., à raison de 75 kilog. l'hectol., plus 4,825 kilog. de paille.

« *6e expérience*. — L'engrais dit chimique fourni par l'Agence centrale des agriculteurs de France ma donné 1,000 gerbes pesant 7,900 kilog., qui ont produit 32 hectol. 60 lit. pesant 2,400 kilog., à raison de 73 kilog. 865 gr. l'hectolitre, plus 5,500 kilog. de paille.

« *7e expérience*. — Le phospho-guano de M. Rohart a donné 1,000 gerbes pesant 8,300 kilog., qui ont produit 35 hectol. 45 lit. pesant 2,650 kilog., à raison de 74 kilog. 753 gr. l'hectol., plus 5,650 kilog. de paille.

« Afin d'établir en argent le résultat de ces expériences, j'ai pris le prix de 31 fr. pour les 100 kilog. de froment, en faisant observer que tout celui que j'ai livré pour semence l'a été au prix de 35 à 38 fr., et, pour la paille, le prix de 45 fr. les 1,000 kilog. Ces bases posées, j'ai trouvé les résultats suivants :

« *1re expérience*. — Terrain qui n'a pas reçu d'engrais, en froment, 472 fr. 75 c.; en paille, 231 fr. 75 c.; total............................ 714 f. 50 c.

« *2e expérience*. — L'engrais spécial de Caen a produit, en froment, 697 fr. 50 c.; en paille, 231 fr. 75 c.; total............ 929 25

« *3e expérience*. — Mon fumier a produit, en froment, 697 fr. 50 c.; en paille, 245 fr. 25 c.; total............................ 942 75

« *4e expérience*. — Le taffo a produit, en froment, 666 fr. 50 c.; en paille, 281 fr. 25 c.; total............................ 947 75

« *5e expérience*. — Le noir fertilisant du mottet d'Argences a produit, en froment, 767 fr. 25 c.; en paille, 217 fr. 25 c.; total................................ 984 50

« *6e expérience*. — L'engrais dit chimique a produit, en froment, 744 fr.; en paille, 247 fr. 50 c.; total.................... 991 50

« *7e expérience*. — Le phospho-guano de M. Rohart a produit, en froment, 821 fr. 50 c.; en paille, 254 fr. 25 c.; total...... 1,075 75

« D'où il résulte que l'engrais spécial de Caen, en tenant compte des 100 fr. d'engrais, a donné, comparativement au produit du terrain qui n'avait pas reçu d'engrais, un bénéfice de............................ 105 27

« Le fumier de ferme, un bénéfice de... 119 12

« Le taffo, un bénéfice de............ 124 12

« Le noir du mottet d'Argences, un bénéfice de.............................   160 f. 87 c.

« L'engrais dit chimique (Dudouy), un bénéfice de.............................   167   87

« Le phospho-guano (Rohart), un bénéfice
de...................................   252   15

« Je me crois donc autorisé à recommander une pratique
qui donne un bénéfice de 100 à 250 fr. pour 100 du capital
qu'elle exige, alors que ce bénéfice peut être réalisé dans
l'espace de six à huit mois.

« Je crois devoir faire remarquer que tous mes froments
ont été notablement plus légers cette année que l'année
dernière de 3 à 4 kilog. par hectolitre; ce qui a été causé
par la très grande sécheresse et chaleur qui a régné à l'époque du développement et de la maturation des grains. »

QUANTITÉS d'hectolitres et de quintaux de grains vendues sur les principaux marchés du département de la Charente pendant l'année 1871, et prix moyens de l'hectolitre et du quintal pendant la même année. — Prix moyens des autres objets de consommation.

NATURE DES PRODUITS.	QUANTITÉS.		PRIX MOYENS	
	Hecto-litres.	Quintaux métriques.	de l'hec-tolitre.	du quintal.
Froment...................	40827 40	31943 20	28 98	37 04
Méteil.....................	1998 »	1456 49	21 40	29 36
Seigle....................	2892 »	2110 58	19 41	26 66
Orge......................	8095 »	5151 82	18 06	28 40
Sarrasin..................	1435 »	679 25	13 84	25 17
Maïs......................	9382 »	6417 20	16 71	24 44
Avoine....................	25261 40	12019 86	12 90	27 11
Pois......................	4 60	3 54	28 28	36 75
Haricots..................	996 30	765 74	36 17	47 06
Châtaignes................	8884 »	6041 12	4 54	6 68
Pommes de terre..........	12882 »	8566 08	7 42	11 15
Farine....................	» »	4392 »	» »	54 73*

* Renseignements recueillis dans la ville de Barbezieux seulement.

Prix moyens du double hectolitre.

Vins et eaux-de-vie.,.. Vin rouge.............................. 40 f. 42 c.
                               blanc.............................. 30 48
                         Eau-de-vie............................... 162 98

Prix moyens du kilogramme.

Pain................. Blanc (1re qualité)...................... » f. 47 c.
                       Bis blanc (2e qualité)................... » 39
                       Bis (3e qualité)......................... » 33

Viande............... Bœuf.................................... 1 61
                       Vache................................... 1 43
                       Veau.................................... 1 72
                       Mouton.................................. 1 74
                       Porc.................................... 1 73

Prix moyens d'un quintal métrique.

Fourrages............ Foin.................................... 15 f. 12 c.
                       Paille.................................. 9 66

MOREAU.

MERCURIALE. — JUILLET 1872.

Etat du prix moyen des Grains, autres Denrées et Comestibles, dans les principaux Marchés du département de la Charente, pendant la deuxième quinzaine du mois de Juillet.

NOMS des COMMUNES.	PRIX DE L'HECTOLITRE de							PRIX du k. de		PRIX du kilogramme de					PRIX DU QUINTAL métrique de	
	Froment.	Méteil.	Seigle.	Orge.	Maïs.	Avoine.	Haricots.	Pain blanc.	Pain bis.	Bœuf.	Vache.	Veau.	Mouton.	Cochon.	Foin.	Paille.
Angoulême	22 78	15 50	14 0	0 0	12 0	8 86	29 0	42	35	1 60	1 30	1 90	1 90	1 50	6 0	8 0
La Rochefoucauld	0 0	0 0	0 0	0 0	0 0	0 0	0 0	0	0	1 70	1 60	1 80	1 80	1 40	5 72	5 55
Rouillac	19 71	0 0	0 0	9 84	10 23	7 05	0 0	45	37	1 80	1 50	2 0	1 80	1 60	0 0	0 0
Aubeterre	0 0	0 0	0 0	0 0	0 0	0 0	0 0	40	35	1 40	1 40	1 60	1 80	1 40	5 0	7 0
Baignes	25 0	0 0	0 0	0 0	9 0	10 0	0 0	45	38	1 50	1 50	1 60	1 50	1 50	7 0	6 0
Barbezieux	22 0	0 0	0 0	0 0	0 0	8 75	0 0	40	36	1 50	0 0	1 80	1 70	1 40	6 0	6 0
Chalais	22 0	0 0	0 0	0 0	14 0	10 0	0 0	38	30	1 40	0 0	1 60	1 70	1 60	0 0	0 0
Châteauneuf	24 0	0 0	0 0	0 0	0 0	0 0	0 0	42	35	2 0	1 50	2 0	2 0	2 0	6 0	7 0
Cognac	22 0	0 0	0 0	0 0	11 0	8 50	0 0	41	35	2 0	1 50	2 0	2 0	2 0	6 0	7 0
Jarnac	0 0	0 0	0 0	0 0	0 0	0 0	0 0	41	35	2 0	1 50	2 0	2 0	2 0	6 0	7 0
Chabanais	23 0	14 0	12 0	0 0	0 0	9 0	0 0	46	36	0 0	0 0	1 50	1 90	1 20	5 0	5 0
Confolens	0 0	0 0	0 0	0 0	0 0	0 0	0 0	40	35	1 50	1 50	1 50	1 50	1 50	0 0	0 0
Saint-Claud	19 16	0 0	0 0	8 0	0 0	7 30	0 0	40	32	1 80	1 60	1 80	1 80	1 50	0 0	0 0
Aigre	21 59	12 15	0 0	9 01	0 0	6 96	0 0	42	35	1 60	1 60	2 0	1 70	1 70	5 0	6 0
Mansle	21 05	0 0	0 0	8 0	10 0	7 50	0 0	38	33	1 60	1 60	1 80	1 80	1 70	6 0	6 0
Ruffec	22 50	0 0	0 0	8 50	10 50	7 0	0 0	36	30	1 60	1 60	1 60	1 90	1 70	0 0	0 0

MERCURIALE. — AOUT 1872.

Etat du prix moyen des Grains, autres Denrées et Comestibles, dans les principaux Marchés du département de la Charente, pendant la deuxième quinzaine du mois d'Août.

NOMS des COMMUNES.	PRIX DE L'HECTOLITRE de							PRIX du k. de		PRIX du kilogramme de					PRIX DU QUINTAL métrique de	
	Froment.	Méteil.	Seigle.	Orge.	Maïs.	Avoine.	Haricots.	Pain blanc.	Pain bis.	Bœuf.	Vache.	Veau.	Mouton.	Cochon.	Foin.	Paille.
	f. c.	fr. c	f. c.	f. c.	f. c.	f. c.	f. c.	c.	c	f. c.	f. c.	f. c.	f. c.	f. c.	f. c.	f. c.
Angoulême	20 40	12 17	11 93	0 0	11 82	8 84	28 85	40	34	1 60	1 30	1 90	1 90	1 50	6 0	8 0
La Rochefoucauld	0 0	0 0	0 0	0 0	0 0	0 0	0 0	0	0	1 60	1 50	1 80	1 80	1 50	5 24	3 85
Rouillac	17 96	0 0	0 0	9 84	9 74	7 0	0 0	43	34	1 70	1 50	2 0	1 80	1 50	0 0	0 0
Aubeterre	0 0	0 0	0 0	0 0	0 0	0 0	0 0	40	33	1 40	1 40	1 60	1 30	1 40	5 50	4 0
Baignes	20 0	0 0	0 0	0 0	12 0	9 0	0 0	45	37	1 60	0 0	1 60	1 60	1 50	7 0	5 0
Barbezieux	20 50	0 0	0 0	0 0	0 0	9 0	0 0	40	35	1 60	0 0	1 80	1 80	1 50	5 0	4 0
Chalais	19 50	0 0	0 0	0 0	14 0	10 0	0 0	38	30	1 60	0 0	1 60	1 60	1 60	0 0	0 0
Châteauneuf	21 0	0 0	0 0	0 0	0 0	0 0	0 0	40	33	2 0	1 50	2 0	2 0	2 0	6 0	4 0
Cognac	20 0	0 0	0 0	0 0	12 0	8 0	0 0	41	35	2 0	1 50	2 0	2 0	2 0	6 0	4 0
Jarnac	0 0	0 0	0 0	0 0	0 0	0 0	0 0	41	35	2 0	1 50	2 0	2 0	2 0	6 0	4 0
Chabanais	20 0	12 0	10 0	0 0	0 0	8 50	26 0	42	34	0 0	0 0	1 50	1 90	1 20	0 0	0 0
Confolens	0 0	0 0	0 0	0 0	0 0	0 0	0 0	43	34	1 60	1 60	1 60	1 60	1 60	0 0	0 0
Saint-Claud	19 16	0 0	0 0	8 0	0 0	6 85	0 0	40	32	1 80	1 60	1 80	4 80	1 50	0 0	0 0
Aigre	19 34	12 15	0 0	9 53	0 0	6 72	0 0	40	32	1 60	1 60	2 0	1 80	1 60	5 0	4 0
Mansle	21 05	0 0	0 0	8 0	10 0	7 50	0 0	37	32	1 60	1 60	2 0	2 0	1 50	5 60	6 0
Ruffec	22 0	0 0	0 0	9 0	9 0	7 25	0 0	37	31	1 60	1 60	2 0	2 0	1 50	0 0	0 0

MERCURIALE. — SEPTEMBRE 1872.

*État du prix moyen des Grains, autres Denrées et Comestibles, dans les principaux Marchés du département de la Charente, pendant la deuxième quinzaine du mois de **Septembre**.*

NOMS des COMMUNES.	Froment.	Méteil.	Seigle.	Orge.	Mays.	Avoine.	Haricots.	Pain blanc.	Pain bis.	Boeuf.	Vache.	Veau.	Mouton.	Cochon.	Foin.	Paille.
	f. c.	fr. c	f. c.	f. c.	f. c.	f. c.	f. c.	c.	c.	f. c.	f. c.	f. c.	f. c.	f. c.	f. c.	f. c.
Angoulême	21 17	13 0	12 0	0 0	11 50	8 60	26 86	38	33	1 60	1 30	1 90	1 80	1 60	6 0	7 0
La Rochefoucauld	0 0	0 0	0 0	0 0	0 0	0 0	0 0	41	32	0 0	0 0	0 0	0 0	0 0	0 0	0 0
Rouillac	18 56	0 0	0 0	10 83	10 71	7 05	0 0	40	33	1 65	1 40	2 0	1 70	1 50	0 0	0 0
Aubeterre	0 0	0 0	0 0	0 0	0 0	0 0	0 0	40	37	1 40	0 0	1 40	1 80	1 40	8 0	4 0
Baignes	20 0	0 0	0 0	0 0	12 0	9 0	0 0	40	36	1 60	0 0	1 60	1 60	1 50	5 0	5 0
Barbezieux	21 0	0 0	0 0	0 0	0 0	0 0	0 0	40	35	1 60	0 0	1 80	1 80	1 50	7 0	4 0
Chalais	21 50	0 0	0 0	0 0	14 0	10 0	0 0	40	32	1 60	1 60	1 60	1 60	1 60	0 0	0 0
Châteauneuf	20 0	0 0	0 0	0 0	11 0	0 0	0 0	40	33	2 0	1 50	2 0	2 0	2 0	6 0	4 0
Cognac	0 0	0 0	0 0	0 0	0 0	0 0	0 0	39	33	2 0	1 50	2 0	2 0	2 0	6 0	4 0
Jarnac	0 0	0 0	0 0	0 0	0 0	0 0	0 0	39	33	2 0	1 50	2 0	2 0	2 0	6 0	4 0
Chabanais	19 0	12 0	10 0	0 0	0 0	8 50	26 0	35	30	0 0	0 0	1 50	1 90	1 20	5 0	5 0
Confolens	0 0	0 0	0 0	0 0	0 0	0 0	0 0	40	32	1 80	1 80	1 80	1 80	1 80	0 0	0 0
Saint-Claud	20 13	0 0	10 0	9 0	0 0	6 85	0 0	40	32	1 80	1 60	1 80	1 80	1 50	0 0	0 0
Aigre	18 89	12 15	0 0	10 04	0 0	7 20	0 0	40	32	1 80	1 80	2 0	2 0	1 50	5 0	4 0
Mansle	19 0	0 0	0 0	9 25	9 50	7 25	0 0	35	30	1 60	1 60	2 0	2 0	1 50	6 0	5 0
Ruffec	21 37	0 0	0 0	10 0	10 0	7 25	0 0	35	29	1 60	1 60	2 0	2 0	1 50	0 0	0 0

EXTRAIT

DES PROCÈS-VERBAUX

DES SÉANCES

DE LA SOCIÉTÉ D'AGRICULTURE

SCIENCES, ARTS ET COMMERCE DU DÉPARTEMENT DE LA CHARENTE

SÉANCE DU 15 NOVEMBRE 1872.

PRÉSIDENCE DE M. DE THIAC,

PRÉSIDENT.

La séance est ouverte à midi.

M. Clément Prieur, ayant dû se rendre en Vendée pour le concours régional, dont il est le rapporteur, M. le Président invite M. Baillarger, archiviste, en conformité du règlement, à remplacer M. le Secrétaire général.

M. le Président, après la lecture du procès-verbal de la séance du 16 août dernier, dit que la Société va reprendre ses travaux interrompus par les vacances.

Puis il annonce avoir reçu une lettre de M. de Carbonnel, ancien trésorier général à Toulouse, qui désire devenir membre de la Société. M. le Président présente à la Société M. de Carbonnel, qu'il fait connaître dans son rapport. Il sera statué sur cette proposition dans la prochaine séance.

M. le Président dit, en outre, avoir fait faire deux petits corps de bibliothèque pour concentrer tous nos livres épars. Le coût de chacun d'eux est de 170 fr., et la Société, vu l'utilité et la convenance de mettre un terme au désordre de ses collections, autorise cette dépense.

M. Baillarger, archiviste, fait remarquer que non-seulement il y a des lacunes dans nos collections, mais que des ouvrages très bons à consulter font défaut.

Cet inconvénient disparaîtra peu à peu, dit M. le Président, qui rappelle qu'il y a trois années la Société a autorisé une dépense annuelle d'environ 100 fr., pour achat de livres.

M. le Président donne ensuite lecture de son rapport mensuel, qui est écouté avec intérêt et dont l'impression est votée par la Société.

La Société, frappée du peu de ménagements dont nos vins sont l'objet dans les gares, s'associe énergiquement à toutes réclamations, et invite M. le Président à s'en rendre l'interprète auprès de qui de droit.

Sur l'avis d'une communication sur la culture des vers à soie, M. le docteur de Chassaigne dit qu'il serait de l'intérêt de la Charente de s'en occuper ; que des plantations de mûriers ont été faites déjà, notamment à La Couronne, et qu'elles ont réussi.

M. Deloc confirme le fait.

M. le Président dit que la Société appuiera certainement toutes nouvelles tentatives sérieuses qui seraient faites à ce sujet sur le sol charentais.

A l'occasion du concours d'animaux gras, M. Machenaud demande que, modifiant le programme, le concours soit général, et qu'il n'y ait de spécial aux charentais que les limousins et les salers.

Cette proposition avait été faite dès le début par M. le Président, qui demandait à élargir les horizons au lieu de les restreindre. Il s'y associe donc et la Société y donne son approbation.

Sur la fixation des jours et du local, diverses propositions sont faites.

M. le vice-président Adhémar Sazerac de Forge, notamment, propose les 14 et 15 février.

M. Nadaud dit qu'il faut se préoccuper de la vente des animaux et qu'il importe le plus possible de se rapprocher du jour de la foire.

M. Machenaud témoigne le même sentiment.

M. le Président de son côté dit qu'un concours n'est point et ne doit pas être une foire; que sans doute la Société doit se préoccuper d'offrir des débouchés aux exposants, mais que le concours, dans la pensée de la Société, doit servir d'étude et de comparaison, et qu'il préférerait des jours spéciaux en dehors de la foire. Néanmoins et pour tout concilier, on pourrait choisir les 13 et 14, de telle sorte que le lendemain 15, jour de foire, les animaux qui n'auraient point été l'objet d'une transaction pourraient y être conduits.

M. le Président dit aussi que pour éviter toute confusion et ne point nuire à la foire elle-même, il serait bien de placer les animaux dans un local séparé, dans les allées par exemple qui sont devant le lycée et qui ont déjà servi d'exhibitions.

De nouvelles discussions ont lieu et sur la fixation des jours et sur le local, et la Société s'ajourne à la prochaine séance pour prendre un parti définitif à ce sujet.

M. le Président annonce avoir fait faire des plaques en fonte coloriées dont il montre le spécimen, et ces plaques seront placées à la tête des animaux couronnés.

Rien n'étant plus à l'ordre du jour, la séance est levée à deux heures après midi.

Le Secrétaire général,

CLÉMENT PRIEUR.

SÉANCE DU 16 DÉCEMBRE 1872.

—

PRÉSIDENCE DE M. DE THIAC,

PRÉSIDENT.

Le procès-verbal est lu et adopté.

Sur le procès-verbal, M. Nadaud fait une observation relative à la fixation de la date du concours d'animaux gras. Il regrette que la date choisie dans la séance du 15 novembre n'ait pas été maintenue, quel que fût le nombre des membres présents à la séance ; c'était un mois de gagné pour la publicité de ce concours.

M. le Président donne lecture de son rapport mensuel, dont l'insertion dans les *Annales* est votée par l'assemblée ; puis il invite l'assemblée à se prononcer sur la date qu'il convient de choisir pour la tenue du concours et explique les motifs qui ont déterminé la décision du bureau. Selon quelques membres, les dates des 13 et 14 février avaient l'inconvénient de précéder à trop courte échéance la foire d'Angoulême, qui a lieu le 20. Il faut, en effet, compter avec les habitudes locales et avec les intérêts si nombreux qui s'attachent aux foires d'Angoulême ; il y avait lieu de craindre que le concours ne fût sacrifié à la foire dans une trop large mesure, et il eût été téméraire de penser que l'on retiendrait le public à Angoulême pendant trois jours consécutifs.

Après une courte discussion, à laquelle prennent part MM. Machenaud et Nadaud, M. le Président met aux voix les dates des 8 et 9 février prochain pour la tenue du concours. Cette proposition est votée à l'unanimité.

M. le Président donne lecture d'un mémoire de M. Boutelleau relatif à diverses expériences auxquelles s'est livré cet honorable membre sur l'emploi des engrais chimiques. Ce mémoire, dit M. le Président, sera inséré dans les *Annales* de la Société à titre de renseignement. La Société accueillera avec plaisir les communications nouvelles que M. Boutelleau voudra bien lui faire sur ce sujet important.

M. Boutelleau, présent à la séance, dit qu'il a, en effet, des terres encore soumises à l'expérience. Il rendra compte à la Société de ses observations nouvelles. M. Boutelleau sait bien que le fumier de ferme restera l'engrais par excellence ; mais, à tout compter, il est peut-être bien le plus cher aussi, car si l'on tient compte en certaines années des prix des foins et des pailles, on arrive à des prix qu'aucun engrais du commerce n'a encore atteint. Cependant M. Boutelleau fait ses réserves ; il a obtenu de beaux résultats des engrais chimiques, mais il a des appréhensions sur leurs effets au point de vue de la conservation de la fertilité du sol ; en outre, pour peu que l'usage s'en généralisât, ils deviendraient bien vite trop rares et trop chers pour que l'on pût songer à les employer en agriculture.

L'honorable membre présente ensuite quelques observations sur la loi du 2 août 1872, sur les bouilleurs de crû. Il est convaincu que cette loi serait susceptible de rendre de grands services au pays si elle était bien appliquée. Depuis vingt à trente années, la qualité de nos eaux-de-vie à baissé. On sait à quoi cela tient. La loi sur les bouilleurs, contre laquelle s'élèvent les populations, ne peut qu'amener des résultats favorables à l'amélioration de nos produits par les difficultés nombreuses qu'elle apporte à la fraude et à la sophistication. C'est uniquement à ce point de vue que l'honorable M. Boutelleau prend sa défense.

Rien n'étnat plus à l'ordre du jour, la séance est levée à une heure et demie.

Le Secrétaire général,

CLÉMENT PRIEUR.

RAPPORT

DE

M. LE PRÉSIDENT DE LA SOCIÉTÉ D'AGRICULTURE

DE LA CHARENTE

A LA SÉANCE DU 15 NOVEMBRE 1872

PRÉSENTATION DE M. DE CARBONNEL.

M. de Carbonnel, après avoir exercé les plus hauts em-
plois dans les finances, car il était receveur général à Toulouse, est venu dans la Charente appliquer à la vie rurale
son expérience et ses habitudes d'ordre et de régularité,
ces éléments si essentiels pour le succès en toutes choses.

M. de Carbonnel exploite le domaine qu'il a acquis à
Saint-Bernard, près Baignes-Sainte-Radégonde. Il `a ma-
nifesté le désir de s'associer à nos efforts. C'est une bonne
fortune pour nous, et je suis heureux de patronner sa présentation, que vous accueillerez avec intérêt.

A ce sujet, qu'il me soit permis de rappeler combien il
serait à désirer que tous les hommes intelligents du pays,
quelles que soient leur profession; leur industrie, tinssent à
honneur de s'associer à notre œuvre, alors qu'on est bien
pénétré que nous n'avons d'autre but que des améliora-

tions agricoles d'où découlent le progrès, l'aisance et le bien-être.

Je fais donc un nouvel appel et je souhaite vivement qu'il soit entendu. Le succès est aux gros bataillons.

SUR UN TRAITÉ CONCERNANT LES EAUX-DE-VIE, PAR M. BERNARD, PROFESSEUR AGRÉGÉ DE PHYSIQUE ET DE CHIMIE AU COLLÉGE DE COGNAC.

M. Bernard avait adressé un exemplaire de son ouvrage au conseil général de la Charente, dans sa dernière session.

Le conseil général dut avoir égard aux travaux d'un homme distingué qui pourront avoir quelque utilité pour l'une des productions de nos contrées. Il a chargé notre Société de lui faire un rapport sur cet ouvrage. Notre honorable vice-président en a accepté la tâche, et nul doute que le rapport ne réponde à l'attente de M. Bernard et à l'honneur que nous a fait le conseil général.

SUR LA PESTE BOVINE.

La peste bovine a reparu à Hambourg et elle s'est propagée dans ses environs.

Elle vient aussi de se signaler en Angleterre tout récemment, dans le district de Poklington.

Je dois faire connaître qu'une ordonnance du ministre de l'agriculture interdit l'importation en France des bêtes bovines, de quelques races qu'elles soient, ainsi que de leurs cuirs et débris frais, provenant de la Russie, de l'Allemagne du Nord et des Principautés danubiennes.

Les provenances de l'Algérie et de l'Espagne n'y sont pas comprises.

Notre département n'a vu encore aucune révélation de ce fléau ; il faut s'en applaudir, mais continuer à être vigilant, car cette maladie si cruelle n'a d'autre remède que l'abattage.

SUR LE PHYLLOXERA-VASTATRIX.

Rien non plus n'a révélé l'invasion de cet insecte dans nos vignobles ; mais il produit dans l'Hérault et dans le Gard les plus affreux ravages.

Le gouvernement s'en est ému ; il a créé un prix de 20,000 fr.

Le conseil général de l'Hérault vient de voter un nouveau prix de 5,000 fr., qui sera augmenté de pareille somme si d'autres départements s'imposent des sacrifices.

Ces prix seront affectés à la découverte du procédé propre à détruire cet insecte, *imperceptible* par son volume, *gigantesque* par ses effets.

Il est donc à désirer que les savants et les praticiens s'occupent sans retard de la découverte d'un spécifique qui, par la modicité de la dépense et par la simplicité de l'application, soit de nature à entrer dans la pratique habituelle de l'agriculture.

Il y aura pour l'auteur de cette découverte tout ce qui peut flatter l'orgueil de l'homme : gloire, profit et reconnaissance.

ÉCOLES VÉTÉRINAIRES.

L'enseignement de l'agriculture, joint à celui des matières vétérinaires proprement dites, a pris une grande extension dans les écoles vétérinaires d'Alfort et de Toulouse.

Nous sommes heureux de constater que, parmi les élèves admis cette année par suite du concours, figurent trois de nos compatriotes, MM. Sicaud, David et Saulnier.

Depuis longtemps, des plaintes ont été formulées contre la compagnie d'Orléans au sujet de nos expéditions viticoles, laissées dans les gares de la Charente sans abri, dans les conditions les plus déplorables et exposées à de longs séjours, par suite de l'encombrement général qui se produit et de l'insuffisance du matériel.

D'un autre côté, les emplacements destinés aux chargements et déchargements des camions et des charrettes font défaut.

Récemment la compagnie a paru vouloir donner satisfaction à nos vœux, mais les abris construits sont dérisoires. Nos vins continuent à rester soumis à toutes les intempéries et séjournent dans l'eau et la boue ; de là un préjudice notable.

Les gares, cependant, sont dans un grand état de prospérité, et cette prospérité est due en grande partie à nos expéditions de vins, qui se multiplient. C'est donc pour la compagnie un devoir équitable d'offrir à nos produits tout ce qui constituera le soin, la propreté et ce qui les sauvegarde.

Conséquemment, nous réclamons des hangars spéciaux et dans de vastes proportions où tous les vins seront abrités, ainsi que les fûts eux-mêmes, et dont l'accès sera rendu facile pour les chargements et les déchargements.

Vous apprécierez donc si vous devez autoriser votre président à mettre nos légitimes préoccupations sous les yeux des ministres compétents, du conseil général de la Charente et de nos députés, afin que satisfaction soit réellement donnée à nos intérêts, aujourd'hui gravement compromis.

Ceci est urgent, car nos vins de la Charente prennent

dans la consommation une place importante, et cette consommation s'accroîtra le jour où, délaissant les vieux errements, le vigneron charentais imitera Bordeaux dans ses merveilleuses conditions de fabrication ; où les vins seront mieux traités, soutirés et renfermés dans des fûts propres et semblables, par leur capacité, leur forme et leur bois, aux fûts de Bordeaux.

Nos vins sont colorés, suffisamment alcoolisés. Ils peuvent être bus sans trouble et forment un bon ordinaire.

SUR LES ALCOOLS.

Je ne parle que des vins, je ne dis rien des alcools.

Lorsque nous avons réclamé un adoucissement dans les droits, le gouvernement paraissait disposé à n'y voir qu'un intérêt personnel, alors que nous songions aussi à l'intérêt du Trésor public.

Aujourd'hui cette branche de production est loin de rapporter ce qu'on avait espéré, et on attribue à la fraude le préjudice considérable qui est éprouvé.

Ce préjudice est dans la nature des choses, parce qu'il est de principe économique que les droits soient improductifs lorsqu'ils dépassent une juste mesure.

Espérons donc que les droits seront ramenés à des proportions plus équitables, et alors cette branche d'impôts deviendra efficace.

SUR LA STATUE DE MARGUERITE.

Vous savez, Messieurs, que la statue de Marguerite d'Angoulême, due au ciseau de M. Badiou de la Tronchère, est arrivée à Angoulême.

Le piédestal se fait en ce moment sur les dessins de

M. Abadie, et la statue sera placée au milieu de la cour de l'hôtel de ville, pour ainsi dire au pied de son berceau, car elle naquit dans l'une des tours, le 11 avril 1492.

L'inauguration de cette statue, qui ajoutera désormais à l'éclat de ce beau monument municipal d'Angoulême, aura lieu dans le courant du mois d'avril de l'année prochaine.

CONCOURS D'ANIMAUX GRAS.

Le concours d'animaux gras que vous avez fondé à Angoulême aura lieu dans le courant du mois de février de cette même année et au jour que vous allez fixer.

Dans le courant du mois de décembre, le programme sera publié ; mais, dès à présent, les exposants sont assurés de trouver à Angoulême d'importantes récompenses et de fructueux débouchés.

Nous faisons appel à toutes les bonnes volontés, afin de voir encourager cette œuvre, qui sera féconde pour l'avenir, car elle poursuit la solution de ce double problème, qui n'est certes pas insoluble, d'un prix rémunérateur et de la viande à bon marché.

Vous apprendrez avec plaisir, Messieurs, que le conseil général a voté, au sujet de ce concours et pour le favoriser, une somme de 1,000 fr., et le conseil municipal de la ville d'Angoulême une somme de 300 fr.;

De plus, que le conseil municipal de la ville de Cognac et le conseil municipal de la ville de Barbezieux ont chacun voté une médaille d'or qui sera offerte en leur nom.

Ces avantages s'ajouteront aux 500 fr. offerts par la députation de la Charente et à d'autres médailles d'or qui seront données, notamment par M. le comte de La Rochefoucauld.

Vous voyez, Messieurs, que notre concours est pris au sérieux, qu'il est entouré de sympathie, et vous serez frappés du sentiment qui a porté les villes de Cognac et de Barbezieux, ces deux beaux fleurons de notre couronne charentaise, à nous donner un pareil témoignage d'encouragement. Elles ont compris que, pour un but si éminemment utile, il devait y avoir entre nous tous rapprochement et solidarité.

Nous leur en adressons, ainsi qu'aux autres donateurs, toute notre gratitude.

COMMUNICATIONS.

Notre Société, Messieurs, embrasse non-seulement l'agriculture, mais aussi les sciences, les lettres, les arts, le commerce.

Nous avons parfois demandé qu'on voulût bien communiquer à la Société un travail sur ces différents objets, et dont la Société entendrait la lecture avec intérêt.

L'honorable M. Dérivau, dans la première séance, lira une Étude sur le bail à colonage, et M. Daguerre, l'un des membres distingués du conseil général, fera également une communication sur les vers à soie.

Nos investigations ont des horizons infinis et offrent d'amples matières à l'observateur, au praticien, à l'artiste. C'est avec reconnaissance que les communications seront reçues par la Société, qui s'efforcera de répercuter en tous lieux les lumières et les observations qui en ressortiront et dont on lui fera l'honneur de la rendre l'interprète.

Après la lecture de ce rapport, les membres présents, au sujet des abris pour les vins, ont énergiquement appuyé les réclamations et demandé qu'il en soit référé sans retard à qui de droit.

Sur la fixation du jour pour le concours d'animaux gras en février prochain, diverses propositions ont été faites. On a demandé les 15 et 16, le jour de la foire et le lendemain, ou bien les 14 et 15.

D'un autre côté, on a dit que, pour fonder réellement le concours, il fallait choisir une époque spéciale et non celle de la foire.

En résumé, on a renvoyé à la prochaine réunion pour la fixation définitive.

RAPPORT

M. LE PRÉSIDENT DE LA SOCIÉTÉ D'AGRICULTURE

DE LA CHARENTE

A LA SÉANCE DU 16 DÉCEMBRE

CORPS DE BIBLIOTHÈQUE.

Vous avez autorisé, Messieurs, votre bureau a faire faire deux petits corps de bibliothèque, — vous les avez sous les yeux; — ils s'harmonisent très bien avec les deux que vous possédiez déjà.

Nous avons pu, par ce moyen, réunir vos livres, qui étaient épars dans différentes pièces de l'hôtel de ville, et mettre un terme à un certain désordre d'où est résultée la perte de documents divers, et particulièrement ceux de votre propre histoire. Et vos *Annales* sont toujours incomplètes.

Nous avons fait au sujet de ces *Annales* un pressant appel, et nous le réitérons. Nous adjurons toutes les personnes qui pourraient avoir des exemplaires de ces *Annales* de les offrir à la Société, ou de les lui céder à prix d'argent, ou du moins de nous les communiquer.

La fondation de notre Société remonte à l'an XI, depuis

près de soixante-dix ans, et les *Annales* que nous possédons embrassent à peine vingt et un ans.

A ce sujet, je suis heureux d'avoir à remercier l'honorable M. Jure, fils de l'un de vos anciens présidents, dont la Société conserve religieusement la mémoire ; il vient récemment de donner à la Société quelques exemplaires qui permettront de réparer l'une des lacunes ; mais bien des exemplaires manquent encore pour relier la chaîne du passé au présent.

Désormais, Messieurs, vos livres seront l'objet de toutes nos sollicitudes, et tous ceux qui nous viendront soit par achat, soit par donations, seront recueillis et catalogués par M. Baillère, votre archiviste, dont vous pouvez apprécier le zèle et la compétence.

SUR LES LISTES DES SOCIÉTAIRES.

Là encore, Messieurs, il y avait une certaine confusion qui n'existera plus.

Nous venons de faire relever sur un registre en double tous les noms des sociétaires par canton. Les recherches seront facilitées, les omissions rendues difficiles, et peut-être que les personnes notables et intelligentes de chaque canton qui ne seront pas sur ces listes tiendront à honneur d'y figurer et de s'associer aux efforts de la Société pour développer les intérêts généraux de l'agriculture, des sciences, des arts et du commerce.

COMMUNICATIONS.

Je vous avais annoncé pour la présente séance deux communications : l'une sur le bail à colonage, par l'érudit M. Dérivau, et l'autre sur la culture des vers à soie, par le distingué conseiller général M. Daguerre.

Ces communications, que la Société entendra avec un grand intérêt, sont ajournées aux premiers mois de l'année prochaine : les communications de M. Dérivau, parce qu'il veut par de nouvelles recherches les compléter, et M. Daguerre, parce qu'il a dû récemment partir pour Paris.

La Dordogne, qui est à nos portes, cultive avec succès l'industrie séricicole. Elle cultive aussi les vins.

Notre climat et la nature de nos terres favorisent chez nous la culture des vins. Pourquoi n'en serait-il pas de même des vers à soie ?

Les magnifiques découvertes de M. Pasteur atténuent singulièrement leur destruction.

La communication de M. Daguerre jettera sur cette question d'utiles lumières pour notre département.

SUR L'ABRI DES VINS DANS LES GARES.

Dans votre dernière séance, j'ai appelé votre attention sur la façon déplorable dont nos vins étaient traités dans nos gares, où ils sont laissés sans abri, dans la boue et dans l'eau.

Vous en avez été émus, et pour mettre au plus tôt un terme à cet état de choses, vous avez demandé à votre président d'agir vigoureusement. Ce qu'il a fait.

J'ai d'abord écrit à la députation de la Charente, dont vous avez été à même d'apprécier le zèle et le dévouement.

J'ai aussi écrit à M. le ministre de l'agriculture et des travaux publics, ainsi qu'à M. le directeur général de la compagnie d'Orléans.

La députation a fait des démarches personnelles et adressé aux ministres une lettre collective.

M. le directeur de la compagnie d'Orléans m'a répondu, le 29 novembre dernier, qu'on allait étudier la question, et, d'un autre côté, pareille lettre a été adressée à la députation le 7 décembre courant.

Puis M. le ministre de l'agriculture m'a envoyé, le 6 décembre, une dépêche.

Je dépose sur le bureau ces trois lettres.

Il y a donc lieu d'espérer qu'un commencement de satisfaction ne tardera pas à nous être donné.

Je crois avoir été votre interprète, Messieurs, en remerciant nominativement chacun de nos députés, MM. André, Boreau-Lajanadie, de Champvallier, Ganivet, Mathieu-Bodet, Martell et Marchand, de leur utile et chaleureuse intervention.

A l'égard de nos expéditions de vins, on a remarqué récemment que des expéditions se faisaient pour les endroits de l'Allemagne où nos soldats et nos mobiles avaient été internés, de même qu'en France dans l'Orléanais, où ils ont été recueillis.

Nos pauvres mobiles et soldats portaient partout avec eux le souvenir de la patrie absente !

SUR LA MALADIE DU BÉTAIL.

La peste bovine paraît avoir complétement disparu en France. Elle est aussi éteinte en Angleterre.

Mais les épidémies se succèdent sans répit.

En effet, une épidémie frappe en ce moment les chevaux aux États-Unis et en Angleterre, dans le Devonshire, où elle fait de sérieux ravages.

M. le ministre a transmis aux préfets des départements côtiers, de Dunkerque à La Rochelle, des instructions très sévères au sujet de l'importation des chevaux d'Angleterre en France.

SUR LE PHYLLOXERA-VASTATRIX.

Au sujet du phylloxera-vastatrix, qui a occasionné de grands préjudices, l'administration, comme vous le savez, a offert un prix de 20,000 fr. à l'auteur d'une découverte propre à le combattre et à le détruire. Le délai avait été fixé jusqu'au 31 décembre de la présente année ; mais, par une décision récente, le délai est prorogé jusqu'au 31 décembre de l'année prochaine.

Puissent des moyens de salut dont Dieu s'est réservé jusqu'à ce jour le secret se révéler enfin, de façon à ce que le vigneron puisse sans trouble recueillir le fruit de son travail !

CONCOURS D'ANIMAUX GRAS.

Après avoir arrêté le programme du concours, auquel deux journées entières seront consacrées à Angoulême, et qui offrira, dans son ensemble, des primes importantes à distribuer, vous avez ajourné à la présente séance la fixation des jours et du local.

Il importe donc que, dès à présent, cette décision soit prise, et vous allez en délibérer.

Vous ne perdrez pas de vue, Messieurs, que sans doute la Société doit se préoccuper, ainsi que je l'ai fait remarquer déjà, d'offrir des débouchés aux exposants, mais que le concours, dans la pensée de la Société, doit servir d'étude de comparaison et d'émulation.

Tout fait espérer que ce concours répondra à notre attente, et que les exposants s'y présenteront en grand nombre.

Un jour viendra, et il n'est peut-être pas éloigné, où nous

verrons la réalisation de ce double problème que poursuit la
Société :

Un prix rémunérateur !
Une viande à bon marché !

RECENSEMENT

DES

ANIMAUX DOMESTIQUES

DANS LA CHARENTE

A l'occasion du dénombrement de la population, le gouvernement a fait procéder, en 1872, au recensement des animaux domestiques.

Ce recensement, qui, en 1866, avait donné de bons résultats, s'est étendu à tous les animaux des villes et des campagnes appartenant à la population civile, aux établissements publics ou à l'armée.

Aucune difficulté véritable n'a surgi dans la Charente au sujet de cette intéressante enquête; c'est que les habitants ont compris combien il importe à l'administration d'avoir des relevés précis sur l'un des éléments les plus considérables de la richesse agricole, alors surtout que, sur tant de points, des épizooties intenses ont occasionné de grandes pertes.

Voici les résultats numériques officiels pour l'ensemble du département :

ESPÈCE CHEVALINE.

	Têtes.
Poulains et pouliches au-dessous de trois ans	1,185
Chevaux entiers (étalons)................	748
Chevaux hongres....................	10,019
Juments.......................	15,188
Total.............	27,140

ESPÈCE MULASSIÈRE.

Mulets et mules..................	5,653

ESPÈCE ASINE.

Anons et ânes..................	4,952
Anesses.....................	1,461
Total............	6,413

ESPÈCE BOVINE.

Veaux de 0 à 3 mois.............	5,713
Bouvillons, taurillons, génisses...........	7,873
Taureaux....................	593
Bœufs.....................	41,383
Vaches....................	30,894
Total............	86,456

ESPÈCE OVINE.

	Races communes.	Races perfectionnées.	Total.
Agneaux............	85,120	1,485	86,605
Béliers............	3,429	103	3,532
Moutons............	40,025	717	40,742
Brebis............	139,386	2,500	141,886
Totaux......	267,960	4,805	272,765

ESPÈCE PORCINE.

Cochons de lait...................... 25,530
Verrats.............................. 162
Cochons.............................. 42,787
Truies............................... 13,261

Total............ 81,740

LA
NUTRITION MINÉRALE DES VÉGÉTAUX

PAR

L. GRANDEAU

Directeur de la station agronomique de l'Est

L'assimilation de l'azote par les plantes. — Opinions contradictoires du docteur Grüneberg et du professeur Wunder sur la
nouveauté et la valeur des travaux de M. G. Ville. — Historique
de la question de l'assimilation de l'azote libre de l'air par les
plantes. — Critique des expériences de M. G. Ville au Muséum,
et du rapport de la commission de l'Institut. — Expériences
contradictoires de Pugh, Laws et Gilbert. — Conclusion.

Au moment où les événements de 1870 m'ont forcé à suspendre brusquement mon étude historique de la nutrition
minérale, je m'occupais des travaux relatifs à la question si
importante de l'azote. Après avoir énuméré les principales
sources auxquelles les végétaux peuvent puiser l'azote qui
fait constamment partie de leurs tissus pour aller ensuite
constituer la fibre musculaire des animaux, j'en étois arrivé
à l'exposé de nos connaissances sur les causes de la transformation de l'azote de l'air en ammoniaque et en acide
nitrique, substances qu'on rencontre dans l'atmosphère,
dans l'eau et dans la plupart des sols. Avant de reprendre

l'examen de la nitrification, je veux aborder la question si longtemps controversée de l'absorption directe de l'azote de l'air par les végétaux, question aujourd'hui définitivement vidée en faveur de la négative, et sur laquelle M. G. Ville reste seul de son avis, les savants qui l'ont étudiée étant unanimes à nier la fixation directe de l'azote de l'air par les plantes.

Au mois de janvier 1871 a paru sur ce sujet, dans l'organe officiel des associations agricoles de la Saxe, un article critique fort remarquable de M. le professeur Wunder, en réponse à une conférence faite au Casino agricole de Cologne, par M. le docteur Grüneberg, sur les formules d'engrais de M. G. Ville. La compétence en matière de chimie agricole de M. le professeur Wunder, qui a étudié, nous dit-il, *de visu* les expériences de M. G. Ville sur la soi-disant assimilation de l'azote par les végétaux, l'exposé clair des faits rendent très intéressantes les appréciations de M. Wunder. Ce travail, que je vais mettre *in extenso* sous les yeux de nos lecteurs, me paraît une excellente introduction à la discussion que je me propose de faire des arguments invoqués tour à tour pour ou contre l'assimilation directe de l'azote.

M. Wunder s'exprime ainsi : « L'organe de l'Union agricole pour la Prusse rhénane et le recueil hebdomadaire de l'Association centrale de la Baltique ont publié la conférence faite par le docteur Grüneberg au Casino de Cologne, « sur les formules d'engrais de M. G. Ville », un chimiste et physiologiste agricole français. M. G. Ville y est représenté comme le réformateur de l'agriculture. Grâce à ses recherches, l'agriculture serait entrée dans une phase nouvelle ; par ses nouveaux procédés, il assurerait à sa patrie un accroissement de richesses et de bien-être. Nous avons sous les yeux une apothéose de G. Ville. — Ville a couronné son édifice (y est-il dit entre autre choses) en groupant une série de 503 expériences exécutées suivant son système dans toute l'étendue de la France et des colonies. Ces expériences ont été publiées sous le titre de *Résultats obtenus en 1868 au moyen des engrais chimiques*, par Georges Ville. (Paris, imprimerie Lainé.) Quiconque, parmi ceux qui portent tant soit peu d'intérêt à l'agriculture et à la chimie agricole, lira ces paroles aura le désir d'aller puiser à cette nouvelle source de science. Mais en examinant de près le résumé que donne l'orateur des travaux de M. Ville, on découvre bientôt, à côté de quelques hypothèses en partie sans fondement, en partie déjà réfutées, que les vérités contenues dans ce résumé ne font plus l'ombre d'un doute pour l'agriculteur qui suit avec attention les progrès de la science. M. Ville arrivant, par des essais de culture dans des pots, à la conclusion que certaines substances minérales sont indispensables à la plante et que l'agriculteur doit avoir soin de les restituer au sol par la fumure, notamment la potasse, l'acide phosphorique, ·la chaux et la magnésie, trouvera peu de contradicteurs. Si plus tard ces résultats ont été confirmés par les expériences exécutées dans les champs de Vincennes, et si l'on en peut inférer que les effets du sulfate de chaux et ceux du nitrate de potasse sont plus favorables que ceux des carbonates; qu'il vaut mieux donner l'acide phosphorique sous forme de superphosphate que sous forme de phosphorites pulvérisés; que certaines plantes préfèrent l'azote à l'état de nitrate à celui où les leur offrent les sels ammoniacaux; qu'il y a des plantes enfin auxquelles une fumure d'azote convient mieux qu'à d'autres, aucun cultivateur aujourd'hui ne s'étonnera de ces nouveautés-là !

« Quiconque en 1853 et 1856 a lu les *Principes de la chimie agricole*, la *Théorie et pratique de l'agriculture*, et plus tard la *Chimie appliquée à l'agriculture* de Liebig, n'avait pas besoin des cultures en pots de M. Ville, ni de ses expériences en plein champ à Vincennes, ni enfin des réflexions contenues dans sa brochure de 1868, pour savoir que les récoltes des prairies transformées en fumier de ferme ne peuvent suffire à la longue au sol pour lui restituer ce que les récoltes lui ont enlevé; ou plutôt que, pour maintenir la force productive de la terre, il faut compenser l'exportation en grains, viande, etc., par un apport d'engrais artificiels. Si, malgré cela, un physiologiste français prône en 1868 ces axiomes comme résultant de ses expériences nouvelles, c'est affaire à ceux de ses compatriotes qui peuvent ignorer les travaux de Liebig et d'autres savants de s'en accommoder. Mais il est au moins étrange qu'un Allemand ayant des attaches à l'agriculture et à la chimie agricole présente ces mêmes principes comme résultant de recherches françaises récentes. »

M. le docteur Grüneberg cite, à la fin de sa conférence, les paroles suivantes de M. G. Ville : « L'ancienne formule : prairies, bétail, céréales, a fait son temps comme insuffisante dans l'état actuel; le progrès veut qu'on lui substitue une formule nouvelle : Engrais artificiels, bétail, céréales... Il suffit de jeter les yeux sur les faits constatés dans les cinq cents expériences pour que tout doute cesse. » Aux paroles de M. G. Ville, l'orateur ajoute en forme de conclusion : « Quels enseignements avons-nous à tirer des travaux de M. G. Ville ? Les cinq cents expériences pratiques qui prouvent la justesse de son système sont irréfutables. Nous ne pouvons plus fermer les yeux à l'évidence de ces résultats. Suivons l'exemple; cherchons à confirmer et à généraliser ces résultats comme de tout ce qui a été fait pour les choses bonnes et utiles, même nous venant d'une nation étran-gère.» Plus qu'étranges sont ces paroles, dit M. Wunder, car on se demande s'il est possible que des expériences qui, depuis une quinzaine d'années, forment la base de toute agriculture rationnelle, ne soient arrivées à la connaissance de M. Grüneberg que par les écrits de M. Ville. Ou bien y aurait-il encore des Allemands aux yeux desquels les ensei-gnements de nos autorités scientifiques de premier rang ne sont acceptés que lorsqu'ils sont confirmés par des autorités douteuses des nations étrangères ? Je n'ai pas l'intention de prouver en détail que, dans le soi-disant système de M. G. Ville, les vérités qu'il renferme n'aient pas été constatées par M. Ville, mais bien que ses expériences, en tant qu'elles ont donné des résultats authentiques, ne sont que la con-firmation de faits trouvés par d'autres. Encore moins me laisserai-je aller à une critique des mélanges d'engrais re-commandés par M. Ville; mais je veux, pour répondre à l'ap-pel que m'a fait la rédaction de l'organe agricole central de Saxe, examiner la question relative à l'assimilation de l'azote par les plantes, question mise en relief par M. Grü-neberg dans sa conférence, et qu'on prétend être définitive-ment résolue par M. G. Ville.

Je crois d'autant moins devoir m'y refuser que j'ai porté dans le temps un très vif intérêt à cette question, et que je n'ai pas négligé l'occasion de connaître *de visu* et d'exami-ner très attentivement les expériences faites à Paris par M. G. Ville pour la résoudre. Sans récapituler l'exposé inexact de la question qu'il plaît à M. Grüneberg de donner, je me bornerai à raconter sommairement l'historique de cette discussion si importante. A la fin du siècle dernier, Priestley exprima l'opinion que les végétaux possédaient la

faculté d'assimiler l'azote libre de l'air atmosphérique.
Th. de Saussure, ne pouvant constater cette assimilation,
contredit l'opinion de Priestley et admit que l'azote contenu dans la plante provenait de l'ammoniaque renfermée
dans les engrais, dans l'air et dans l'eau. Il démontra
qu'une plante végétant dans une atmosphère confinée ne
voit plus s'augmenter sa teneur en azote.

En 1838, Boussingault communiqua à l'Académie des
sciences quelques expériences, desquelles il croyait pouvoir
conclure que, pendant la végétation, les plantes sont aptes
à assimiler directement l'azote de l'air. Liebig, comme
Saussure, soutint que l'ammoniaque est la source où les
végétaux puisent leur azote, comme l'acide carbonique est
celle qui leur fournit le carbone. De 1851 à 1855, Boussingault répéta ses expériences et arriva à ce résultat que les
plantes obtenues de graines dans une atmosphère limitée,
en l'absence complète d'engrais azoté et d'ammoniaque, ne
contiennent pas plus d'azote qu'il n'y en avait dans la
graine. S'appuyant sur de très nombreuses expériences,
Boussingault revenait donc à l'opinion de Liebig.

G. Ville commença ses recherches sur l'origine de l'azote
dans les plantes en 1849; mais ce n'est qu'en 1852 qu'il
communiqua ses résultats à l'Académie. Il admet que, dans
le cas de la végétation dans une atmosphère limitée, la
quantité d'azote contenue dans la récolte n'excède pas celle
que renferme la graine; mais il prétend qu'une plante ne
peut pas se développer normalement si l'atmosphère dans
laquelle elle vit n'est pas renouvelée pendant la période de
végétation, qui dure plusieurs mois. Si les plantes n'ont pas
assimilé d'azote de l'atmosphère dans les expériences de
Boussingault, la raison en est, suivant M. Ville, qu'elles se
sont précisément trouvées durant l'expérience dans une

atmosphère limitée, dans laquelle une végétation normale ne saurait se produire. En effet, Boussingault avait fait croître ses plantes sous des cloches complétement fermées, dans lesquelles on ne renouvelait pas l'air pendant toute la durée de l'essai ; tandis que M. Ville cultivait ses plantes sous des serres vitrées traversées constamment, à l'aide d'un aspirarateur, par un courant d'air. En même temps, Ville introduisait journellement, pour aider à la nutrition des plantes, une nouvelle quantité d'acide carbonique, et donnait de temps en temps de l'eau fraîche à ses végétaux en enlevant l'eau qui avait séjourné dans l'appareil. Ville prétendait que les plantes cultivées par lui, dans des conditions plus normales que celle des expériences de Boussingault, ont assimilé de l'azote libre emprunté à l'air. On ne peut nier que par le renouvellement continu de l'atmosphère, on favorise l'évaporation de l'eau par les feuilles et, par conséquent, l'absorption par les racines d'une nouvelle quantité d'eau, conséquemment aussi l'apport d'éléments nutritifs. Il est évident aussi que le renouvellement incessant de l'atmosphère ambiante et de l'eau place la plante dans des conditions plus normales de végétation. Il n'est pas moins clair, d'un autre côté, que le renouvellement de l'eau, de l'acide carbonique et de l'air implique l'emploi d'un appareil bien plus compliqué, l'exécution de manipulations plus diverses, et qu'on court ainsi le risque de ne pas mettre complétement la plante en végétation à l'abri de l'ammoniaque contenue dans l'air atmosphérique extérieur.

Boussingault chercha à démontrer, par de nouveaux essais, qu'une plante peut végéter normalement, même dans une atmosphère limitée, à la condition qu'on lui fournisse par le sol les éléments nécessaires à sa nutrition. Il installa une nouvelle série d'expériences, en renouvelant, à l'instar de Ville, l'atmosphère dans laquelle végétaient les plantes. Mais il trouva que, même avec renouvellement de l'atmosphère, la récolte ne contenait pas plus d'azote que n'en renfermaient les graines d'où elle provenait, à condition qu'on élimine complétement l'ammoniaque de l'atmosphère et que l'on évite d'autres causes d'erreur. Il conclut catégoriquement de ces expériences que les plantes ne peuvent pas assimiler l'azote libre de l'atmosphère.

A ce moment, M. Ville s'offrit à répéter ses expériences sous les yeux d'une commission à nommer par l'Académie des sciences. Cette commission fut composée de MM. Dumas, Regnault, Payen, Decaisne, Péligot et Chevreul. L'expérience, qui dura plus de deux mois, du 4 août au 12 octobre 1854, fut exécutée au Jardin-des-Plantes de la manière suivante : sous une vitrine d'une contenance de 150 litres furent placés trois pots remplis de sable calciné. Au sable, on avait mélangé une quantité déterminée de cendres de semences de cresson bien calcinées. Le sol de la vitrine, enduit d'une épaisse lame de cire, était recouvert d'une couche d'eau distillée, de sorte que les pots se trouvaient dans l'eau. La vitrine communiquait d'un côté à un aspirateur, de l'autre à l'air extérieur et à un réservoir contenant de l'acide carbonique. L'air amené par l'aspirateur dans l'intérieur de la vitrine devait traverser, avant d'y arriver, une quantité de flacons laveurs remplis soit d'acide sulfurique concentré, soit de carbonate de soude, destinés à retenir l'ammoniaque et la matière organique. On introduisait assez d'acide carbonique dans l'appareil pour que l'air en contînt 2 pour 100. On renouvelait l'air, à l'aide de l'aspirateur, huit fois par jour.

Le 4 août, on plaça dans chacun des pots une quantité pesée de graines de cresson, dont la richesse en azote était

connue. Les semences germèrent, les plantes se dévelop-
pèrent. On ouvrit l'appareil une fois pour disposer les pots
mieux qu'ils ne l'étaient. L'eau distillée introduite dans
l'appareil au début de l'expérience fut souvent remplacée
par de nouvelle eau. Celle-ci fut mesurée ; on en préleva
des échantillons pour en faire l'analyse ; on conserva de
même l'eau soutirée de la cage vitrée pour l'analyser. Le
12 octobre 1854, l'essai fut interrompu : la récolte pesée et
sa teneur en azote déterminée en novembre 1855, l'Académie publia son rapport.

On comprend qu'une commission se trouve dans une
position difficile si elle doit se porter garante d'une expérience qui a duré deux mois, jour et nuit, sans interrup-
tion, surtout lorsque l'expérience a lieu à l'aide d'un appareil à ciel ouvert, exposé à des conditions météorologiques
très défavorables, à des changements fréquents de température, aux bourrasques et aux orages. La commission appelle elle-même l'attention sur ces conditions en disant
expressément : « Dans de telles circonstances, on ne peut
s'étonner que le rapport laisse à désirer sur plus d'un
point ; quoi qu'il en soit, rien, absolument rien de ce qui
s'est passé ne doit être tu. » Entre autres incidents surve-
nus et que l'on peut regretter dans l'intérêt de la valeur
démonstrative de l'expérience dont il s'agit, le rapport de la
commission mentionne le suivant : « On se rappelle que le
sol de la vitrine était enduit d'une épaisse couche de cire
sur laquelle reposait l'eau distillée introduite dans l'appareil, pour servir aux plantes. Malheureusement l'eau, par
son contact avec la cire, prenait une odeur rance et une
saveur amère très prononcée qui dura jusqu'à la fin de
l'expérience, bien que l'eau fût fréquemment renouvelée.
La cire, sous laquelle se trouvait encore une autre couche

de cire, dissoute dans l'huile de lin, contenant de l'oxyde de plomb, ne paraît donc pas avoir été pure. »

Une autre circonstance qui porte atteinte à la force démonstrative de l'essai se trouve dans l'exposé suivant : La teneur en azote des graines mises dans le pot n° 1 était de 0^{gr}.0099 ; celle de l'azote des plantes venues dans le pot, de 0^{gr}.0097 seulement. Les plantes du pot n° 1 avaient donc assimilé uniquement l'azote contenu dans les graines et n'en avaient nullement emprunté à l'atmosphère.

La teneur en azote des graines plantées dans les pots n°s 2 et 3 n'était que de 0^{gr}.0077, l'azote de la récolte s'élevait en tout à 0^{gr}.064 ; les récoltes contenaient donc 0^{gr}.0563 d'azote de plus que les semences d'où elles provenaient. Il faut ajouter que, pendant la durée de l'essai, on avait employé 60 litres d'eau pour l'arrosage des plantes ; cette eau n'était pas exempte d'ammoniaque, comme le montre l'analyse de l'échantillon prélevé pendant l'essai : on trouva dans cette eau 0^{gr}.0038 d'azote sous forme d'ammoniaque par litre ; de telle sorte que les 60 litres employés contenaient 0^{gr}.228 d'azote ; l'eau soutirée de l'appareil en renfermait en tout 0^{gr}.078. Les plantes avaient donc pu disposer de 0^{gr}.228 — 0^{gr}.078, soit 0^{gr}.150 d'azote provenant de l'eau. Cette quantité d'azote à l'état d'ammoniaque eût été plus que suffisante pour fournir l'excédant de l'azote de la récolte sur celui des graines, excédant qui n'était, on se le rappelle, que de 0^{gr}.056. On aurait donc dû conclure de là que les plantes des pots n° 2 et n° 3 avaient puisé la totalité de leur azote en partie dans leurs semences, en partie dans l'ammoniaque apportée par l'eau distillée. Arrivée à ce point du contrôle de l'expérience, la commission se rappelle que, pendant que l'on évaporait l'eau recueillie durant l'expérience, pour y déterminer l'azote, d'autres personnes travaillant dans le laboratoire concentraient des liquides ammoniacaux à proximité des vases à évaporation ; on crut pouvoir supposer qu'il s'était introduit, dans l'eau à analyser, de l'ammoniaque provenant de ces liquides ammoniacaux, ce qui avait fait trouver une teneur trop forte de l'eau en azote. On évapora de nouveaux échantillons d'eau, et l'on y trouva une quantité d'azote bien inférieure à celle que renfermaient les premiers et qui, rapportée à 60 litres, n'aurait pas suffi à combler l'excédant de l'azote des récoltes sur celui des graines. Si donc les derniers chiffres obtenus représentaient le taux réel de l'azote de l'eau employée, il était permis de conclure que les plantes des pots 2 et 3, mais non celle du pot n° 1, avaient assimilé l'azote libre de l'atmosphère.

Pendant que l'essai était en cours d'exécution, entre la vitrine et l'aspirateur, on intercala un pot n° 4 contenant également des graines de cresson. L'air ne pouvait parvenir à cette cloche qu'après avoir passé dans la vitrine. La récolte de ce pot contenait $0^{gr}.025$ d'azote en plus que les semences employées et l'eau ajoutée. Mais en admettant que les soixante litres d'eau introduits contenaient, comme cela résulte de la première analyse, $0^{gr}.228$ d'azote, et que la différence $0^{gr}.094 \,(= 0^{gr}.228 - 0^{gr}.056 - 0^{gr}.078)$ qui n'a pas été assimilée par les plantes des pots 2 et 3, ni retrouvée dans l'eau soutirée, soit arrivée même partiellement sous la cloche intercalée après coup, il devient également problématique que la plante du pot n° 4 ait absorbé de l'azote libre de l'air.

Un cinquième pot, planté de cresson, qui fut intercalé sous une cloche, immédiatement après l'aspirateur, fut détruit par un accident le 18 septembre, et il n'en a plus été question.

On ne peut donc pas nier, comme du reste l'avoue franchement la commission, que l'exécution de l'expérience ait laissé à désirer. Il est vrai que la commission, relativement aux dosages d'azote dans les eaux dont il a été question plus haut, paraît considérer les dernières analyses comme plus exactes que les premières, ce qui ne l'empêche de s'exprimer d'une manière très réservée à la fin de son rapport : « L'essai que M. Ville a exécuté au Muséum d'histoire naturelle est conforme aux conclusions qu'il a tirées de ses travaux antérieurs. » Mais elle a fait entendre, en même temps, que l'essai, pour être pleinement démonstratif, aurait dû être exécuté d'une autre façon. Elle l'exprime en ajoutant : « Pour décider d'une question si difficile à traiter, il eût été nécessaire, à côté de l'expérience où les plantes végètent sous une cloche à atmosphère renouvelée, dans du sable calciné et de l'eau distillée, de disposer un autre essai comparatif, sans végétaux, où tout eût été identique, sauf la présence des plantes, et d'analyser après l'expérience le sol et l'eau de chacun des appareils. »

D'ailleurs l'Académie accordait à M. G. Ville une somme de 4,000 fr., soit 2,000 fr. pour l'indemniser des expériences faites par lui au Muséum, et 2,000 fr. pour les continuer. Comment peut-on, dans l'état de choses, prétendre maintenant que l'Académie ou la commission nommée par elle regarde comme résolue et vidée par les essais de M. Ville la question relative à l'origine de l'azote dans les plantes ?

De quelle manière, dans l'essai du Muséum, a été dégagé l'acide carbonique introduit dans l'appareil ? Cela n'a pas été dit dans le rapport de la commission. Dans celles des expériences que j'ai eu occasion d'observer dans toute leur durée, — c'est toujours le professeur Wunder qui parle, —

M. Ville préparait l'acide carbonique en traitant du calcaire par l'acide nitrique. On comprend difficilement ce qui a pu le décider à employer cet acide plutôt que l'acide chlorhydrique, qui est bien meilleur marché; mais il est indubitable que l'acide carbonique dégagé au moyen de l'acide nitrique, quand même on le soumet à un lavage, pouvait, par un dégagement très rapide dans la vitrine, comme cela avait lieu quelquefois, introduire dans celle-ci des vapeurs d'acide nitrique. Celui-ci, après avoir été absorbé par l'eau et par les cendres mêlées au sable, devait contribuer à augmenter la richesse des plantes en azote. On ne voit pas dans le rapport de la commission si les eaux soutirées de l'appareil ont été examinées au point de vue de leur teneur en acide nitrique. Si cela avait eu lieu et si l'expérience comparative recommandée par la commission avait été exécutée en même temps, le résultat de l'essai eût été probablement moins douteux encore.

Les expériences de M. Ville, exécutées au Muséum d'histoire naturelle, ne satisfaisant pas les hommes qui reconnaissent la grande importance de la question, on les a répétées plusieurs fois en divers pays. Un chimiste trop tôt enlevé à la science par une mort prématurée, M. Pugh, a sacrifié plusieurs années de son activité à des recherches consciencieuses à ce sujet. Il exécuta en commun avec MM. Laws et Gilbert, à Rothamsted, une série d'expériences dans les années 1857 à 1859. Pour pouvoir formuler un jugement exact sur la question, je n'ai pas voulu me refuser de connaître par moi-même l'appareil et la méthode de Rothamsted. Appareil et procédés étaient, à peu de chose près, les mêmes que ceux de M. Ville. Une modification avantageuse consistait dans une disposition particulière à l'aide de laquelle l'air fût introduit dans la cloche, non point par un aspirateur, mais par pression. On arrivait ainsi à avoir pour l'air de la cloche, non plus une pression moindre que celle de l'atmosphère, comme dans le cas de l'aspiration, mais bien une pression un peu plus forte ; de sorte que, dans le cas possible d'une fermeture non hermétique de l'appareil, il fallait que l'air introduit s'échappât au dehors, tandis que, pareil accident survenant dans l'appareil de Ville, l'air du dehors pénétrait dans la cage vitrée. « Je n'ai pas assez d'espace, ajoute en terminant M. Wunder, pour parler en détail des expériences très importantes exécutées à Rothamsted. Je renverrai au mémoire inséré dans les *Transactions philosophiques*. Le résultat auquel sont arrivés MM. Pugh, Laws et Gilbert se résume dans un fait : à savoir que, dans aucune des expériences nombreuses, on n'a pu constater une assimilation quelconque de l'azote libre de l'air par les plantes. Les essais exécutés en Angleterre contredisent complétement les assertions de G. Ville et confirment les observations de Boussingault. Si le docteur Grüneberg croit qu'il est permis d'ignorer ces expériences, les plus récentes de toutes, la valeur de celles-ci n'en reste pas moins manifeste. »

Tel est l'intéressant article de M. Wunder sur la question de l'azote ; il suffira, pour donner une idée des recherches de M. G. Ville, en attendant que j'y revienne, après avoir exposé, avec quelques détails, les expériences de M. Boussingault et celles de Rothamsted, mentionnées, pour mémoire seulement, dans la critique de M. Wunder.

L'AMÉLIORATION DU SOL

PAR LES PRAIRIES

La ferme la plus riche est sans contredit celle qui a la plus grande quantité de fourrages à sa disposition. Les fourrages sont les grands producteurs d'engrais, puisqu'ils servent à tenir beaucoup d'animaux; il s'agit donc seulement de tirer le parti le plus avantageux des diverses aptitudes que possèdent ces animaux, bœufs, vaches, chevaux, moutons, etc., pour obtenir du fumier sans prix de revient : éh bien ! alors, on peut accroître dans de larges proportions la production du sol, et fournir du pain, de la viande, du vin et autres denrées au prix le plus bas : ce sont là des faits qui ne peuvent pas être révoqués en doute par les hommes intelligents. Donc tout système de culture qui s'appuie sur la production économique et abondante des fourrages doit marcher en première ligne, et par conséquent être mis en pratique par les habitants des campagnes.

M. Goetz, Alsacien de naissance, qui est resté pendant longtemps à la tête d'une grande exploitation dans les environs de Saverne et dans la Sologne, vient de publier une brochure ayant pour titre : *Nouvelle méthode de culture amenant toute terre cultivable de basse valeur à la plus haute fertilité, sans faire supporter aucune charge au sol amélioré, et obtenant ainsi les produits agricoles aux prix de revient les plus réduits.*

Ce titre paraît ambitieux au premier abord, mais il est pleinement justifié dans la brochure de M. Goetz au triple point de vue de la théorie, de la pratique et de l'expérience.

Que fait donc cet intelligent et habile agriculteur pour atteindre de semblables résultats ?

M. Goetz étudie d'abord avec soin la nature des terrains, puis il se rend bien compte des ressources dont il dispose, et après avoir fait les travaux préparatoires, qu'il serait trop long d'indiquer, il établit des prairies dans les conditions les meilleures en mettant à profit son savoir et sa longue expérience. Les prairies sont composées de plantes de choix, vivant et fleurissant toutes à peu près en même temps, ce qui est fort important, car les herbes peuvent ainsi être coupées avec profit à un moment donné et dans leur état nutritif le plus caractérisé. Une ou deux coupes, suivant les saisons, sont pratiquées avant les chaleurs. M. Goetz affirme que par les années les plus sèches et sans irrigations il obtient de 5,000 à 10,000 kilogr. par hectare ; il a même souvent dépassé ce dernier chiffre, et nous devons dire que des hommes dont l'autorité ne peut pas être révoquée en doute attestent la vérité de ces assertions. Dans les années ordinaires et dans les contrées tempérées, on fait une coupe en août ou en septembre évaluée à 3,000 ou 4,000 kilogr. et il reste encore un pâturage d'arrière-saison.

Avec ces grandes quantités de fourrages obtenues à très bas prix, M. Goetz nourrit 2 à 3 grosses têtes de bétail par hectare, et il choisit, bien entendu, les animaux susceptibles, par leurs produits, de payer le fourrage au plus haut prix, de façon que le fumier soit obtenu gratuitement. Pour en·

tretenir ces prairies à un état supérieur de fertilité, **M. Goetz**
emploie tout au plus la moitié du fumier provenant de ces
2 à 3 têtes de gros bétail, et par conséquent il lui reste
l'engrais d'une tête ou d'une tête et demie dont il fait usage
pour améliorer les terrains qu'il soumet à un autre assole-
ment, ce qui est largement suffisant pour fumer convenablement un hectare. Ainsi, voilà un domaine de 50 hectares : 20 sont mis en bonnes prairies par un système
d'améliorations progressives ou subitement réalisées, suivant les ressources dont on dispose, ce qui est par conséquent une question de temps ; les fourrages récoltés sur
20 hectares nourrissent 40 ou 50 bêtes de produits; les fumiers de 20 de ces bêtes servent à entretenir les 20 hectares
de prairies, et ceux des 20 ou 30 autres bêtes sont employés
à l'amélioration des 30 hectares restants, dans lesquelles on
cultive les céréales ou toutes autres plantes sarclées. De cette
façon, le domaine ne tarde pas à arriver à la plus haute
production, sans qu'il soit nécessaire de faire de grosses
dépenses si on veut aller lentement, ou bien en avançant
des fonds si l'on désire atteindre le but plus rapidement;
mais ce qu'il y a d'avantageux, c'est que les capitaux employés se recomposent rapidement par l'obtention de produits considérables. En agissant ainsi, on entre un peu dans
la voie de la culture intensive, et nous croyons que tous
ceux qui ont de l'argent à leur disposition feront bien de
suivre cette dernière méthode, qui est, sans contredit, la
dernière expression de la perfection culturale. Pourquoi
attendre dix ans et même davantage une haute production
que l'on peut avoir en deux ou trois ans au plus ?

M. Goetz réussit également dans ces deux cas, seulement
il prend une route différente, et cette route est indiquée dans
sa brochure. Il ameublit profondément la terre pour la ren-

dre accessible aux influences utiles de l'air, de l'eau de
pluie, des rosées, des brouillards, et pour empêcher les
effets pernicieux de la sécheresse et de l'humidité ; il se livre
à des cultures dérobées ; il enfouit les herbes en vert et
peu à peu il augmente la fertilité du sol, etc., etc. Inutile
de rentrer à ce sujet dans de plus amples détails, car nous
n'avons pas à citer dans son entier l'intéressante brochure
que nous avons sous les yeux.

Lorque M. Goetz désire marcher rapidement, il fait usage
des engrais du commerce les mieux appropriés au sol et
aux plantes, et il prépare ainsi en peu de temps l'avenir des
prairies, qui sont le but de son système d'améliorations.
Encore une fois, c'est ce système que doivent adopter les
cultivateurs intelligents, car non-seulement il recompose
bien vite le capital, mais il donne plus rapidement des bénéfices exempts de tous frais.

Il faut d'ailleurs lire avec attention la brochure de
M. Goetz pour se rendre bien compte de l'ensemble d'une
méthode qui n'a rien d'anormal, il s'en faut, qui présente
des avantages considérables et qui peut s'appliquer facilement dans tous les pays, dans tous les climats et dans tous
les sols, quelle que soit leur nature.

Des expériences ont d'ailleurs déjà été faites ; ces expériences ont été suivies par des hommes fort compétents ; ce
système de culture a d'ailleurs toujours donné les résultats
les plus satisfaisants et, par suite, on se demande comment
il est possible que cet agriculteur dévoué à son pays ait ren-
contré tant d'opposition de la part de l'administration et de
la part d'hommes systématiques qui ne trouvent généralement bon que ce qu'ils ont fait eux-mêmes ; et puis ce n'est
pas toujours par le meilleur jugement que brillent les
hommes. En France, on est peu disposé à sortir de la rou-

tine et on suit les vieux errements, sans bien savoir pourquoi.

Des essais ont été faits simultanément en Sologne et à
Rambouillet, sur des sables secs et des terres de peu de valeur appartenant à la liste civile, et sans aucune irrigation :
M. Goetz s'est d'abord servi des engrais du commerce et il
a donné la préférence à ceux qui se trouvaient à l'état assimilable le plus complet. La moyenne de la première coupe
a été de 7,290 kilogr. par hectare en Sologne ; les résultats
des autres coupes n'ont pas été constatés.

A Compiègne, la première coupe faite le 7 juin a fourni
9,545 kilogr. de foin en fleur ; une seconde coupe pratiquée
le 26 août a produit 7,855 kilogr. Total, 17,400 kilogr.,
plus le pâturage de l'arrière-saison.

MM. Bourgeois et Pépin, membres de la Société centrale
d'agriculture de France, ont été chargés par cette société
de visiter les propriétés de M. Goetz et de suivre ses expériences. Ces deux savants agriculteurs ont fait des rapports
très remarquables qui constatent l'exactitude des chiffres
ci-dessus indiqués. « Partout, dit M. Bourgeois, le succès
annoncé s'est complétement justifié... J'ai reconnu que la
moyenne de 2,000 bottes, soit de 10,000 kilogr., pouvait
être facilement atteinte... Les animaux préfèrent ce foin à
tous les autres... Les progrès agricoles les plus considérables, les plus vastes améliorations du sol ne sont plus im-
possibles, et il faut reconnaître que M. Goetz est l'inven-
teur le plus puissant de l'engrais que j'appellerai l'engrais
reproducteur... »

Le rapport de M. Pépin n'est pas moins explicite :
« M. Goetz a déclaré que, par son système, on pouvait produire l'herbe des prairies naturelles de première qualité,
sans irrigations, sur les terres de la moindre valeur, dans

une proportion moyenne de 2,000 bottes par hectare, à un prix de revient bien inférieur à la moyenne des prix en France pour les 100 bottes de 5 kilogr. Cette attestation est l'expression la plus simple de la méthode d'améliorations agricoles qu'il produit et dont le but est de porter les terres qui y sont soumises au plus haut état de fertilité, sans que, en définitive, les moyens employés élèvent le prix de la terre... Je crois devoir ajouter, enfin, que j'ai étudié avec un vif intérêt le moyen de drainage de M. Goetz. Il ne se sert pas toujours de draines; dans certains cas, il enlève la nappe d'eau souterraine, au moyen d'un ou deux fossés couverts, et, autant que possible, il utilise cette eau, l'été, sur les prairies. Sa dépense n'atteindra pas le chiffre de 50 fr. l'hectare. Personne n'ignore que le drainage, appliqué d'une manière régulière, coûte de 200 à 300 fr. l'hectare... »

La brochure de M. Goetz donne des indications précieuses sur la formation des prairies; elle fait connaître les plantes qui doivent composer ces prairies; elle signale enfin les moyens d'arriver aux meilleurs résultats.

Nous ne croyons·pas devoir entrer dans de plus longs détails; le travail de M. Goetz présente un intérêt sérieux dans toutes ses pages, et nous croyons que les cultivateurs feraient bien d'étudier avec soin ce nouveau système de culture appuyé sur des théories incontestables et sanctionné par de nombreuses expériences.

Il faut donc vraiment s'étonner que M. Goetz n'ait pas trouvé plus d'écho dans les régions officielles, et qu'on ne l'ait pas aidé à propager une méthode qui peut être si favorable au progrès de notre agriculture. Or, améliorer notre agriculture, n'est-ce pas abaisser le prix du pain, de la viande, du vin, de toutes les autres denrées alimentaires;

n'est-ce pas rendre plus abondantes les matières premières nécessaires à l'industrie, et par conséquent enrichir la France et la rendre prospère?

N. B. — La brochure de M. Goetz est en vente chez Mme Meynier, 74, boulevard la Tour-Maubourg, au prix de 3 fr., *franco* à domicile.

(Journal des Cultivateurs.)

MÉMOIRE SUR LE BUFFLE

PAR

M. O. DER MARCARIANTZ

(EXTRAIT)

On commence à atteler le buffle à l'âge de trois ans. Sa période de travail dure dix-huit ans environ. Le terme maximum de son existence semble être de vingt ans.

Les buffles employés aux travaux de la culture ne sont pas castrés ; ils en acquièrent plus de force, mais ils en conservent plus de sauvagerie et d'irritabilité.

Quoique travaillant sept à huit heures par jour, ils n'obéissent pas toujours avec une docilité complète à la voix de celui qui les conduit.

Cela arrive notamment dans la période des chaleurs ; lorsque le buffle vient à approcher d'un cours d'eau, il s'y précipite alors avec une furie que rien ne saurait retenir ; excellent nageur, il est capable de traverser de larges rivières avec une charge pesante.

La valeur d'un buffle varie de 100 à 180 fr. C'est à l'âge de huit ans qu'il a acquis toute sa force, qu'il atteint aussi le prix le plus élevé.

Dans les mêmes conditions, le bœuf n'a qu'une valeur de 60 à 100 fr.

Jusqu'à l'âge de douze ans, la viande du buffle peut servir à l'alimentation humaine ; au delà, elle serait impropre à cet usage.

Toutefois il est à remarquer que la viande de buffle n'est guère employée dans toute l'Asie-Mineure que comme aliment de qualité secondaire, et, dès lors, réservée uniquement aux populations ouvrières des villes. Elle est plus dure que la viande de bœuf et a une saveur particulière un peu désagréable au goût, qui provient, sans doute, de l'habitude où l'on est d'abattre les buffles à un âge avancé et sans les avoir castrés dans leur jeunesse. Un savant naturaliste attribue cette saveur à la malpropreté des locaux où le buffle est habituellement enfermé. Mais le porc, qui vit aussi le plus souvent sur une litière humide et boueuse et qui recherche l'eau presque avec la même ardeur que le buffle, par l'effet d'un même besoin hygiénique, n'a pas sa chair altérée par les émanations du milieu où il vit. Ce qui confirme cette hypothèse, c'est que le bufflon donne généralement une viande meilleure.

Les buffles d'Anatolie, dont l'importation à Paris commence à devenir régulière, permettront facilement de trancher cette question. Si leur viande est supérieure à celle des buffles de l'Asie-Mineure, la cause de cette supériorité ne sera pas difficile à déterminer.

La bufflone a pour principal rôle de produire le buffle. Accessoirement, elle donne quelques revenus par son lait et par les produits qui en dérivent. La bufflone est beaucoup plus laitière que la vache. On peut estimer que, dans le milieu où ces deux espèces se rencontrent simultanément, la femelle de l'une donne deux ou trois fois plus de lait que la femelle de l'autre.

Il est bon d'ajouter que, faute de débouché, c'est-à-dire

de consommateurs, le lait et les produits qui en dérivent n'ont qu'une valeur minime.

. On doit voir facilement, par l'ensemble de ces caractères, que si le buffle a une valeur agricole incontestable, c'est avant tout, comme animal de trait dans des conditions topographiques et agricoles spéciales. Quand il ne s'agit que de travaux de labour ou de charroi dans un sol difficile et sous un climat rude, le buffle est dans le milieu qui lui convient, parce que les services qu'il est capable d'y rendre y ont un grand prix relatif.

LES DEUX SOCS DE CHARRUE

APOLOGUE

Le soc d'une charrue, après un long repos,
S'était couvert de rouille. Il voit passer son frère
   Tout radieux, revenant des travaux.
— « Forgé des mêmes bras, de semblable matière,
Lui dit-il, je suis terne, et toi poli, brillant :
Où pris-tu cet éclat, mon frère ? » — « En travaillant. »

MERCURIALE. — OCTOBRE 1872.

État du prix moyen des Grains, autres Denrées et Comestibles, dans les principaux Marchés du département de la Charente, pendant la deuxième quinzaine du mois d'Octobre.

NOMS des COMMUNES.	PRIX DE L'HECTOLITRE de							PRIX du k. de		PRIX du kilogramme de					PRIX DU QUINTAL métrique de	
	Froment.	Méteil.	Seigle.	Orge.	Maïs.	Avoine.	Haricots.	Pain blanc.	Pain bis.	Bœuf.	Vache.	Veau.	Mouton.	Cochon.	Foin.	Paille.
	f. c.	fr. c	f. c.	f. c.	f. c.	f. c.	f. c.	c.	c.	f. c.	f. c.	f. c.	f. c.	f. c.	f. c.	f. c.
Angoulême	22 33	14 71	12 79	0 0	12 50	8 91	27 34	38	33	1 60	1 30	1 90	1 90	1 60	6 0	7 0
La Rochefoucauld	0 0	0 0	0 0	0 0	0 0	0 0	0 0	41	32	1 60	1 50	1 80	1 80	1 50	5 10	4 60
Rouillac	20 67	0 0	0 0	12 30	12 66	7 41	0 0	40	31	1 60	1 40	2 0	1 70	1 50	0 0	6 0
Aubeterre	0 0	0 0	0 0	0 0	0 0	0 0	0 0	40	33	1 60	1 60	1 80	1 80	1 40	0 0	0 0
Baignes	20 0	0 0	0 0	0 0	12 0	9 0	0 0	45	37	1 60	0 0	1 60	1 60	1 50	0 0	0 0
Barbezieux	22 50	0 0	0 0	0 0	12 0	8 0	0 0	40	35	1 60	0 0	1 80	1 80	1 50	0 0	0 0
Chalais	22 75	0 0	0 0	0 0	14 0	10 0	0 0	40	32	1 60	0 0	1 60	1 60	1 00	0 0	0 0
Châteauneuf	22 0	0 0	0 0	0 0	12 0	10 0	0 0	40	33	2 0	1 50	2 0	2 0	2 0	6 0	4 0
Cognac	22 0	0 0	0 0	0 0	12 0	9 0	0 0	39	33	2 0	1 50	2 0	2 0	2 0	6 0	4 0
Jarnac	0 0	0 0	0 0	0 0	0 0	0 0	0 0	39	33	2 0	1 50	2 0	2 0	2 0	6 0	4 0
Chabanais	20 0	13 0	11 0	0 0	0 0	8 00	21 0	38	32	0 0	1 20	1 50	1 90	1 20	5 0	4 0
Confolens	0 0	0 0	0 0	0 0	0 0	0 0	0 0	41	32	1 60	1 60	1 60	1 60	1 60	0 0	0 0
Saint-Claud	20 13	12 0	12 0	11 0	0 0	7 00	20 0	40	32	1 80	1 60	1 80	1 80	1 50	0 0	0 0
Aigre	20 99	12 15	0 0	12 88	0 0	7 60	0 0	40	32	1 60	1 60	2 0	1 90	1 60	7 0	5 0
Mansle	20 50	0 0	0 0	11 0	10 50	7 75	0 0	36	31	1 60	1 60	2 0	2 0	1 50	0 0	0 0
Ruffec	22 37	0 0	0 0	12 0	12 0	7 75	0 0	35	30	1 60	1 60	2 0	2 0	1 50	0 0	0 0

MERCURIALE. — NOVEMBRE 1872.

Etat du prix moyen des Grains, autres Denrées et Comestibles, dans les principaux Marchés du département de la Charente, pendant la deuxième quinzaine du mois de Novembre.

Valeurs exprimées en francs et centimes (f. c.), sauf « Pain blanc » et « Pain bis » exprimés en centimes.

NOMS des COMMUNES	Froment	Méteil	Seigle	Orge	Maïs	Avoine	Haricots	Pain blanc	Pain bis	Bœuf	Vache	Veau	Mouton	Cochon	Foin	Paille
Angoulême	23 11	14 0	13 89	0 0	13 0	9 55	26 90	40	34	1 60	1 30	2 0	2 0	1 70	6 0	7 0
La Rochefoucauld	0 0	0 0	0 0	0 0	0 0	0 0	0 0	41	32	1 75	1 60	1 80	1 90	1 60	5 80	4 74
Rouillac	19 82	0 0	0 0	12 30	10 71	8 16	0 0	40	31	1 60	1 40	2 0	1 70	1 50	0 0	6 0
Aubeterre	0 0	0 0	0 0	0 0	0 0	0 0	0 0	40	35	1 60	0 0	1 60	1 60	1 50	0 0	0 0
Baignes	20 0	0 0	0 0	0 0	12 0	9 0	0 0	45	37	1 60	0 0	1 60	1 60	1 50	0 0	0 0
Barbezieux	24 0	0 0	0 0	0 0	12 50	8 50	0 0	40	36	1 80	0 0	2 0	2 0	1 50	0 0	0 0
Chalais	23 25	0 0	0 0	0 0	12 0	9 0	0 0	40	32	1 60	0 0	1 60	1 60	1 60	0 0	0 0
Châteauneuf	22 50	0 0	0 0	0 0	12 0	10 0	0 0	40	33	2 0	1 50	2 0	2 0	2 0	6 0	4 0
Cognac	23 0	0 0	0 0	0 0	12 0	9 0	0 0	39	33	2 0	1 50	2 0	2 0	2 0	6 0	4 0
Jarnac	0 0	0 0	0 0	0 0	0 0	0 0	0 0	39	33	2 0	1 50	2 0	2 0	2 0	6 0	4 0
Chabanais	21 0	0 0	11 0	0 0	0 0	8 0	22 0	38	32	0 0	1 60	1 80	1 80	1 60	5 0	4 0
Confolens	0 0	0 0	0 0	0 0	0 0	0 0	0 0	40	32	1 60	1 60	1 60	1 60	1 60	0 0	0 0
Saint-Claud	21 08	0 0	12 0	11 0	10 0	7 31	22 0	40	32	1 80	1 60	1 80	1 80	1 50	0 0	0 0
Aigre	20 24	12 15	0 0	12 88	11 22	8 28	0 0	40	32	1 60	1 60	2 0	1 80	1 60	7 0	5 0
Mansle	21 50	0 0	0 0	12 50	10 50	7 65	0 0	37	32	1 60	1 60	2 0	2 0	1 50	6 0	4 75
Ruffec	22 75	0 0	0 0	12 0	9 50	8 25	0 0	38	32	1 60	1 60	2 0	2 0	1 50	0 0	0 0

Prix de l'hectolitre de : Froment, Méteil, Seigle, Orge, Maïs, Avoine, Haricots. — Prix du kilogramme de : Bœuf, Vache, Veau, Mouton, Cochon. — Prix du quintal métrique de : Foin, Paille.

MERCURIALE. — DÉCEMBRE 1872.

État du prix moyen des Grains, autres Denrées et Comestibles, dans les principaux Marchés du département de la Charente, pendant la deuxième quinzaine du mois de Décembre.

NOMS des COMMUNES.	PRIX DE L'HECTOLITRE de							PRIX du k. de		PRIX du kilogramme de					PRIX DU QUINTAL métrique de	
	Froment.	Méteil.	Seigle.	Orge.	Maïs.	Avoine.	Haricots.	Pain blanc.	Pain bis.	Bœuf.	Vache.	Veau.	Mouton.	Cochon.	Foin.	Paille.
	f. c.	f. c.	f. c.	f. c.	f. c.	f. c.	f. c.	c	c.	f. c.	f. c.	f. c.	f. c.	f. c.	f. c.	f. c.
Angoulême......	23 94	16 0	14 0	12 25	12 29	9 63	25 88	40	35	1 60	1 30	2 10	2 0	1 70	6 0	7 0
La Rochefoucauld	0 0	0 0	0 0	0 0	0 0	0 0	0 0	0	0	1 75	1 65	1 80	1 90	1 55	0 0	0 0
Rouillac..........	21 93	0 0	0 0	0 0	11 09	7 93	0 0	43	34	1 60	1 40	2 0	1 70	1 50	6 0	6 0
Aubeterre.........	0 0	0 0	0 0	0 0	0 0	0 0	0 0	40	35	1 60	1 60	1 60	1 80	1 50	4 0	4 0
Baignes...........	20 0	0 0	0' 0	0 0	12 0	9 0	0 0	45	38	1 60	1 60	1 60	1 80	1 50	6 0	4 0
Barbezieux......	23 0	0 0	0 0	0 0	12 0	0 0	0 0	40	35	1 60	0 0	1 80	1 80	1 50	0 0	0 0
Chalais..........	24 0	0 0	0 0	0 0	12 0	9 0	0 0	47	34	1 60	1 60	1 60	1 80	1 50	0 0	0 0
Châteauneuf......	24 0	0 0	0 0	0 0	13 0	10 0	0 0	45	35	2 0	1 50	2 0	2 0	2 0	6 0	4 0
Cognac............	24 50	0 0	0 0	0 0	13 0	9 0	0 0	41	35	2 0	1 50	2 0	2 0	2 0	6 0	4 0
Jarnac............	0 0	0 0	0 0	0 0	0 0	0 0	0 0	41	35	2 0	1 50	2 0	2 0	2 0	6 0	4 0
Chabanais.........	22 0	13 0	12 0	0 0	11 0	9 0	20 0	38	32	0 0	1 60	1 80	1 80	1 60	5 0	4 0
Confolens.........	0 0	0 0	0 0	0 0	0 0	0 0	0 0	40	32	1 60	1 60	1 60	1 60	1 60	0 0	0 0
Saint-Claud.......	21 08	0 0	12 50	12 0	0 0	8 14	0 0	40	32	1 80	1 60	1 80	1 80	1 50	0 0	0 0
Aigre.............	22 49	15 19	0 0	12 88	10 71	7 80	0 0	45	34	1 70	1 70	1 80	1 80	1 55	7 0	5 0
Mansle............	21 95	0 0	0 0	12 0	9 50	8 50	0 0	39	33	1 60	1 60	2 0	2 0	1 50	5 60	4 75
Ruffec............	23 50	0 0	0 0	12 50	10 0	8 25	0 0	38	32	1 60	1 70	2 0	2 0	1 50	0 0	0 0

TABLE DES MATIÈRES

Pages.

FIN DE LA TABLE DES MATIÈRES.